주님 오늘도 말씀을 씁니다

주님 오늘도 말씀을 씁니다

지은이	청현재이
초판 1쇄	2025년 7월 18일
초판 2쇄	2025년 8월 4일

등록번호	제 2020-000048호
펴낸곳	노서출판 섬김과나눔
등록된 곳	서울특별시 금천구 디지털로 10길 78 1429호
전화	02-6933-6103
메일	cheunghyun@naver.com
홈페이지	www.cjcm.co.kr (청현재이 말씀그라피 선교회)

ISBN   978-89-98532-14-7 (03230)

이 책은 저작권법에 따라 보호받는 저작물이므로 무단전제와 무단복제를 금합니다.
잘못 만든 책은 구입하신 곳에서 바꿔 드립니다.
책 값은 뒤표지에 있습니다.

청현재이 간증 에세이

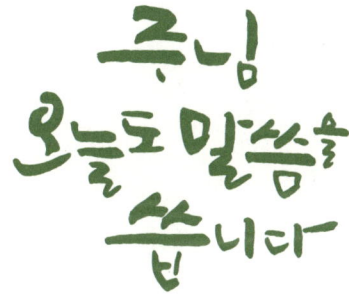

캘리그라피 1세대로서
오직 기독교 캘리그라피 문화를 일구어 온
청현재이의 사역 이야기와
말씀그라피로 써 내려간 묵상의 기록

성경과나눔

30년 전, 붓으로 시작된 디자인 인생이
어느새 하나님의 말씀을 담는 사명으로 이어졌습니다.

이 간증집은 저의 개인적인 기록이 아닙니다.
하나님의 인도하심 아래,
한 사람이 어떻게 그 부르심에 응답하며
순종의 길을 걸어왔는지를 보여주는 이야기입니다.

본 간증에세이에 사용된 성경은
대한성서공회의 개역개정을 사용하였습니다.

| 작가의 말 |

말씀을 따라 걷는 순종의 여정

처음 이 길을 걷기 시작했을 때, 저는 단지 '글씨를 잘 쓰고 싶은 사람'이었습니다. 붓을 들고 글씨를 쓰고, 디자인을 하며 세상 속에서 인정받고 싶었던 시절이 있었습니다. 그러나 하나님께서는 그 작은 붓끝에서 말씀을 보게 하셨고, 그 말씀 안에서 사명을 듣게 하셨습니다.

광고디자인에서 캘리그라피로, 캘리그라피에서 말씀그라피로, 그리고 말씀그라피에서 선교로 이어지는 이 길은 결코 제 뜻으로 계획된 여정이 아니었습니다. 말씀을 쓰는 일은 곧 하나님의 마음을 담는 일이었고, 그 마음을 누군가에게 전하는 사역이 되었습니다.

간증집을 준비하며 이 여정의 수많은 기억들을 다시 떠올리게 되었습니다. 말씀 앞에서 울던 시간들, 기도로 이끄심을 확신했던 현장들, 그리고 예상치 못했던 낙심 속에서 하나님께서 보여주신 위로의 손길까지.

붓 하나로 시작된 이 사역이 누군가에게는 하나님의 음성이 되고 또 누군가에게는 삶의 방향을 바꾸는 계기가 되었다는 고백을 들을 때, 저는 말할 수 없는 은혜 앞에 다시 무릎 꿇게 됩니다.

이 간증집은 단지 제가 걸어온 길을 담은 책이 아닙니다.
하나님께서 저를 통해 어떻게 일하셨는지를 기록한 그분의 흔적입니다.

부디 이 책이 삶과 신앙의 자리에서 고민하고 있는 누군가에게 작은 빛이길 바라며, 말씀 위에 다시 서게 하는 하나님의 손길이길 조심스레 기도합니다. 오직 말씀을 쓰며 세상을 하나님의 감성으로 물들이고 싶습니다. 그리고 이제는 말씀을 따라 살아가는 사람들이 더 많아지기를 소망합니다.

청현재이 드림

| 목 차 |

1부 _ 부르심의 시작

01. 인사동에서 처음 붓을 잡다   16
02. 믿음의 동반자   19
03. 갈급함에서 시작된 여정   23
04. 제자훈련, 하나님의 부르심을 깨닫다   26

2부 _ 디자인, 말씀을 입다

05. 세상에 뒤처지지 않는 기독교 디자인   32
06. 그레이스벨, 나의 사명   35
07. 치열한 세상에서 길러진 사명의 기초   39
08. 그레이스벨의 정체성은 말씀이다   43
09. 디자인 선교는 우리의 사명이다   48

3부 _ 하나님의 부르심, 청현재이

10. 말씀그라피의 시작   54
11. 붓으로 처음 쓴 말씀, 두려워하지 말라   57
12. 재능은 나의 것이라는 교만을 꺾다   61

4부 _ 서원의 삶

13. 세상과 구별되어   68
14. 하나님과의 약속, 그리고 거절의 이유   71
15. 하나님이 주신 이름, 청현재이   75
16. 하나님 중심의 가치관으로   78

5부 _ 청현재이 말씀그라피의 철학

17. 말씀그라피는 묵상 글씨다   84
18. 말씀이 잘 안 읽혀요   88
19. 낙관 위치가 달라요   92
20. 그렇게 나는 나이를 먹고 있었다   96
21. 캘리그라피, 말씀캘리그라피, 말씀그라피   100

6부 _ 제자와 사역 공동체

22. 자격증이 발급되나요? 106

23. 준비된 말씀선교사 110

24. 하나님께서 부르시는 곳이라면…. 114

25. 부산으로 향하는 하나님의 철저한 계획 117

26. 아파도 말씀을 쓰고 싶습니다 121

27. 말씀그라피가 이런 반응인 줄 몰랐어요 124

28. 1년을 기다린 간절한 기도 응답 128

7부 _ 위로와 회복의 말씀그라피

29. 말씀이 나를 살리고 어루만지다 134

30. 말씀그라피 치유 137

31. 그날의 말씀, 생명이 되다 141

32. 주님의 품으로 인도하는 호스피스 사역 145

8부 _ 예수 부활을 알리는 거룩한 발걸음

33. 말씀깃발로 하나가 되다   152
34. 양화진 일대에 말씀깃발을 휘날리다   157
35. 사역은 결코 헛되지 않았다   161
36. 멈출 수 없는 말씀깃발, 편지로 흐르다   165
37. 부활절 말씀깃발전은 범기독교 문화 행사   170
38. 안 왔으면 어쩔 뻔했니?   174

9부 _ 열방으로 나아가는 말씀그라피

39. 대만으로 인도하시다   180
40. 다시 열어 주실 사명의 문을 준비하며   184
41. 대만 말씀그라피의 가능성을 확인하다   187
42. 대만 사역 중에 만난 '나드림 국제미션스쿨'   191
43. 선교 품앗이를 아시나요?   195
44. 일본에서 울려 퍼진 첫 말씀그라피 선교의 감동   199

10부 _ 말씀그라피 전용 갤러리

45. 종교적인 작품은 전시하기 힘들다   206
46. 살아있는 말씀그라피 전용 갤러리   211
47. 왜 하필이면 건물 외벽을 적벽돌로 입혔을까?   215
48. 벽돌 1,000장을 함께 쌓을게요   219
49. 내일은 어떤 분들이 관람하러 오실까?   223
50. 어떻게 이곳에 갤러리를 열 생각을 하셨나요?   226

11부 _ 믿음의 선진과 다음 세대를 잇다

51. 믿음과 소망의 어록, 전시로 피어나다   232
52. 거룩한 소명으로 진행한 어록 전시회   236
53. 짧았지만 깊었던 신학대학교에서의 경험   241
54. 다음 세대를 위한 부르심, 다시 강단에 서다   244

12부 _ 사명자의 고백

　　55. 제 진심을 하나님만이 아시지요　　250
　　56. 글씨의 고향, 하나님께서 부르신 자리　253
　　57. 고요한 순종의 시간　　256

에필로그　　259

1부

부르심의 시작

사 명 의 싹 이 움 트 나

하나님의 부르심은 어느 날, 우리의 삶 한가운데 문득 찾아옵니다. 익숙한 일상 속에서 어느 순간 마음에 스며든 하나님의 음성은 때로는 깊은 갈급함이 되었고, 때로는 외면할 수 없는 소명이 되었습니다. 처음엔 작고 연약한 씨앗 같던 그 부르심이 믿음이라는 땅에 심기고, 순종의 물을 받고 자라나 어느덧 '사명'이라는 한 그루 나무로 성장했습니다.

  이 첫 장은 그렇게 하나님의 부르심 앞에 처음 선, 한 사람의 이야기로 시작됩니다.

01
인사동에서
처음 붓을 잡다

나는 어린 시절, 서울 종로구 인사동 골목에서 자랐다. 1970년대의 인사동은 지금처럼 관광객과 사람들로 북적이는 곳이 아니었다. 낙원아파트와 허리우드극장, 낙원상가, 운현궁이 가까이에 있었고, 기와지붕이 마주 보이는 좁은 골목마다 골동품점, 고서점, 우표상, 화방, 필방이 즐비했다.

돌이켜 보면, 그 시절의 인사동은 한국 전통문화를 조용히 지켜내던 문화예술의 토양이었고, 나는 그 정서에 자연스럽게 젖어 들며 자라났다.

먹 향이 은은하게 퍼지던 고요한 거리 한가운데에는 교동초등학교가 있었다. 그 학교에 다니던 나는 방과 후면 어김없이 인사동 골목 안의 작은 서예 학원으로 향하곤 했다. 새까만 먹을 갈고, 하얀 화선지 위에 붓을 내려 글씨를 쓰는 시간이 참 좋았다. 서실에 앉아 붓을 든 어른들의 손끝에서 정갈하게 써 내려가는 한 자, 한 자는 그 자체로 하나의 예술이었고, 아이였던 내 마음에도 깊은 울림을 주었다.

주산 학원도 함께 다녔지만, 솔직히 말해 주판알 튕기는 일에는 별 감흥이 없었다. 오히려 정성껏 먹을 갈아 붓을 들고 한 획을 그을 때면, 마치 나만의 세상에 들어간 듯 마음이 정리되고 고요해졌다. 신앙도 없고, 예배에 대한 기억조차 흐릿하던 시절이었지만, 붓글씨를 쓰는 그 시간만큼은 어쩐지 마음이 가라앉고 경건해지는 느낌이었다.

지금 돌아보면, 그건 단순한 취미가 아니었다. 하나님께서 내 손에 '붓'을 들려주시고, 조용히 내 마음을 다듬고 빚어 가신 부르심의 시작이었던 것이다. 세상은 나를 그저 글씨에 재능 있는 아이쯤으로 여겼지만, 하나님은 그 글씨를 통해 언젠가 '말씀을 쓰는 인생'으로 나를 이끄시기 위해 이미 조용히 준비하고 계셨던 것이다.

주께서 내 내장을 지으시며
나의 모태에서
나를 만드셨나이다
내가 주께 감사하옴은 나를
지으심이
심히 기묘하심이라

시편 139:13-14

02
믿음의 동반자

나는 오랫동안 믿음과는 거리가 먼 삶을 살아왔다. 어릴 적 인사동 근처의 '승동교회'에 잠시 다녔던 기억을 제외하면 신앙은 내 삶에 깊이 스며든 적이 없었다. 하나님에 대한 막연한 인식만 있을 뿐 그분이 내 인생과 무슨 상관이 있는지는 알지 못했다.

그런 나를 하나님께서는 사람을 통해 부르셨다. 바로 지금의 아내, 나의 믿음의 동역자였다. 신앙 안에서 자라온 아내는 결혼 후 줄곧 나를 위해 기도해 왔다. 내가 하나님을 잘 알지 못하고 예배의 자리에 무심해도 아내는 한결같이 기도했고 조용히 삶으로 믿음을 보여 주었다.

신혼 초, 낯선 동네에 보금자리를 마련하고 아내는 첫아이를 임신한 몸으로 찬송 소리에 이끌려 근처 교회에 등록했다. 그때부터 아내는 여러 번 나에게 함께 교회에 가자고 권했지만 나는 번번이 고개를 저으며 마음을 열지 않았다.

그러던 어느 날, 하나님께서 기적처럼 작은 생명을 내게 안겨 주셨다. 첫아이가 태어나던 날, 온몸으로 숨 쉬는 아이를 처음 품에 안았을 때, 나는 말할 수 없는 전율을 느꼈다.

"이 생명이, 어떻게 내게 왔을까?"

말로 설명할 수 없는 감동과 눈물이 밀려왔다. 나는 그 순간 처음으로 하나님의 숨결을 느꼈다. 내 안의 견고했던 이성의 벽이 무너지고, 그 자리에 감사와 경외심이 차올랐다. 그와 동시에 인생의 주인이 내가 아니라는 것을 그 작은 아이를 통해 하나님이 내게 말씀하시는 것 같았다. 그 감격 속에서 나는 조용히 아내의 손을 붙잡았다. 그리고 처음으로 함께 교회의 문을 열었다.

그렇게 그날의 예배는 내 인생의 전환점이 되었다. 단순한 예배 참석이 아니라 하나님의 품에 안기는 회복의 시작이었다.

하나님은 그 계획하심으로 한 사람을 내게 보내셨고 기도로 기다리게 하셨고, 때가 되어 나를 주님의 품으로 이끄셨다.

믿음은 혼자가 아니라 함께 걷는 길이라는 것을 아내와 함께 한 그 발걸음에서 처음 배우게 되었다.

이에 일어나서
아버지께로 돌아가니라

아직도 거리가 먼데
아버지가 그를 보고
측은히 여겨 달려가
목을 안고 입을 맞추니

누가복음 15:20

03
갈급함에서
시작된 여정

나의 본래 직업은 광고 디자인을 하던 사람이었다. 광고 디자인은 단순히 예쁜 그림을 만드는 일이 아니라 전하고자 하는 메시지를 사람들의 마음에 정확하게 전달하는 일이다. 그 핵심은 '카피(문구)'와 '비주얼(이미지)'의 조화였고, 그 메시지를 효과적으로 전달하기 위한 서체의 선택은 늘 고민이었다. 당시에는 충무로의 사진식자 업체에서 제공하는 몇 가지 서체 외에는 마땅한 선택지가 없었고, 특별한 타이틀이 필요할 때는 직접 붓을 들거나 극장 간판을 그리던 미술공의 손을 빌려야 했다.

1995년, 광고디자인 회사를 창업하고 수많은 프로젝트를 진행했지만 시간이 흐를수록 내 마음엔 글씨에 대한 갈급함이 커져 갔다.

90년대 중반, 매킨토시 컴퓨터의 등장과 함께 산돌, 윤디자인 등 폰트 디자인 업체를 통해 다양한 폰트가 출시되면서 글씨를 향한 나의 갈급함은 조금씩 해소되는 듯했다. 하지만 감성을 담을 수 있는 서체에 대한 갈망은 여전히 내 안에 남아 있었다.

그러던 중 1997년, 모 이동통신사의 소식지 런칭 타이틀을 손글씨로 쓰게 되었는데, 감사하게도 그 디자인이 수많은 디자인 경쟁을 뚫고 1위를 차지하게 되었다.

이 경험이 나에게 붓을 들게 만드는 중요한 계기가 되었고, 손글씨는 디자인을 넘어 마음을 전하는 통로로 다가오기 시작했다.

처음에는 단지 경쟁에서 이기고 싶은 갈급함에서 시작하였지만 그 갈급함은 어느새 말씀을 향한 갈망으로 이어졌고, 이 작은 시작은 결국 청현재이 말씀그라피 사역의 기초를 다지는 계기가 되었다. 지금 돌이켜보면, 글씨에 대한 갈급함조차도 하나님께서 심어 주신 사명의 씨앗이었다.

> 양식이 없어 주림이 아니며
> 물이 없어 갈함이 아니요
> 여호와의 말씀을
> 듣지 못한 기갈이라-
> 아모스 8:11

04
제자훈련, 하나님의 부르심을 깨닫다

1995년, 광고 디자인 회사를 막 시작하던 무렵이었다.

어느 날, 당시 내가 섬기던 '늘샘교회'의 담임이신 '남무섭 목사님'께서 전화를 주셨다. 사랑의교회에서 제자훈련 세미나를 받고 계시던 목사님은 앞으로 교회에서도 본격적으로 제자훈련을 시작하려 한다며, 나에게도 그 훈련을 꼭 받으면 좋겠다고 권면하셨다.

그때는 제자훈련이 어떤 것인지 잘 알지 못했지만, 목사님의 권유에 따라 1996년과 1997년, 두 해에 걸쳐 제자훈련과 사역훈련을 받게 되었다. 그 훈련은 내 삶의 방향을 완전히 바꾸어 놓았다.

처음으로 내게 주어진 재능이 내 것이 아니라 하나님께서 맡기신 것임을 진심으로 깨닫게 된 것이다.

그 깨달음은 내 마음에 깊은 감동을 남겼고, "이 재능으로 교회와 성도들에게 유익이 되는 일을 하고 싶다"는 마음이 생겼다. 그때부터 자연스럽게 기독교 디자인에 관심을 갖기 시작했다.

당시 나는 대기업 광고를 맡으며 풍족한 물질의 복을 누리고 있었지만, 제자훈련을 통하여 그 복을 하나님께 영광 돌리는 데 사용할 수 있다면 그것이야말로 참된 신앙의 길이라는 것을 깨닫게 되었다. 그렇게 하나님께 영광 돌리기 위해 열심을 다해 달려갔지만, 그 길은 늘 순탄하지만은 않았다.

어느 날, 알고 지내던 어느 목사님이 내게 이렇게 말씀하신 적이 있다. "그건 밑 빠진 독에 물 붓는 일입니다. 차라리 좋은 재능으로 세상에서 돈을 벌어 헌금하는 게 낫지 않겠어요?"

그 말에 순간 마음이 흔들릴 뻔도 했지만, 나는 오히려 마음을 더욱 굳게 먹었다. 그리고 이렇게 말했다.

"그렇다면 누가 하나님의 말씀을 현대적인 디자인으로 전할 수 있을까요? 누군가 해야 한다면, 제가 하겠습니다."

어디서 그런 용기가 나왔는지 모르지만 나도 모르게 그 목사님 앞에서 담대히 선포했다. 지금 생각해 보면, 앞으로 달려갈 나의 비전을 하나님께서 그때 내 입술을 통해 드러내신 것이 아니었을까 싶다.

나를 향한 하나님의 강권적인 역사하심으로 표출된 그 담대한 선포가 말씀그라피 사역에 고스란히 녹아들게 될 것을 그때 당시 나는 알지 못했다.

그렇게 제자훈련을 받게 하신 것을 시작으로 하나님은 내 인생 전체의 방향을 바꾸셨고, 지금까지도 그 담대한 선포가 하나님 안에서 울려 퍼지고 있음에 깊이 감사드린다.

누구든지
나를 따라오려거든
자기를 부인하고
자기 십자가를
지고
나를 따를 것이니라

마태복음 16:24

2부
디자인, 말씀을 입다

말씀을 담은 선교의 시작

하나님은 우리 각자에게 특별한 재능을 주셨고, 그 재능은 하나님의 말씀을 전하는 통로가 됩니다. 예술은 하나님께서 주신 귀한 언어이며, 디자인은 그분의 말씀을 세상 가운데 드러내는 도구가 되었습니다. 말씀을 디자인에 담는다는 것은, 하나님의 뜻을 삶으로 표현하는 순종의 여정입니다.

이 장은 그 여정을 시작하게 된 고백입니다.

05
세상에
뒤처지지 않는
기독교 디자인

 나는 세상의 디자인에 뒤처지지 않는 기독교 디자인 문화를 만들기 위해 지금으로부터 30년 전 '섬김과나눔'이라는 크리스천 회사를 창립하게 되었다. 이 회사를 통해 가장 먼저 시작한 작업은 바로, 교회 주보 디자인이었다.
 당시 기독교 서점에 나온 주보 디자인들은 대개 성화, 성물,

교회 조감도와 같은 전통적인 요소들로만 채워져 있었다.

나는 이런 고정관념을 바꾸고 싶었다. 하나님께서 창조하신 이 세상을 새로운 시각으로 디자인하여 전혀 다른 분위기를 담아내고자 했다. 아름다운 자연의 배경과 신앙적인 의미를 담고 있는 비둘기, 성경책, 백합화, 교회 건물 등의 오브제를 사용하여 그 당시에 보지 못했던 주보를 만들기 시작했다.

그 결과는 상상 이상이었다. 출시하자마자 반응은 뜨거웠고, 현재 시중에 나와 있는 주보 디자인들이 '섬김과나눔'에서 디자인한 스타일을 그대로 따라 한 것이라고 해도 과언이 아닐 정도로 '섬김과나눔'에서 만든 주보 디자인은 30년 전 하나의 센세이션을 일으켰다.

이 디자인 작업은 내게 단순한 일이 아니었다. 제자훈련을 통해 "나의 재능을 하나님께 드리겠다"는 서원을 품은 이후, 하나님은 내게 주신 은사를 가장 먼저 예배를 위해 사용하라는 마음을 주셨다. 그래서 주보 디자인은 나에게 있어 기독교 디자인의 변화를 위한 첫 번째 사명이 되었다.

예배의 본질이 담긴 그 한 장의 종이 위에, 성도들의 찬양과 기도가 더 깊이 전달될 수 있도록 디자인하는 것. 나는 이 일을 '하나님을 향한 예배의 통로'를 여는 작업이라 믿었고, 모든 과정 하나하나를 기도하는 마음으로 감당했다. 이처럼 세상의 디자인과 분명히 구별되는 신앙에 기반한 기독교 디자인에 대한 접근은 이후, 내가 감당하게 될 모든 사역의 기본 정신이 되었다.

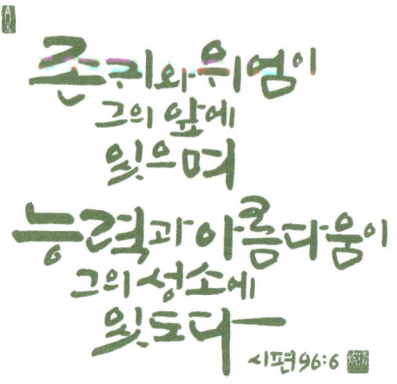

06
그레이스벨, 나의 사명

몇 해가 흐른 뒤, 하나님께서 내 마음에 또 하나의 비전을 부어 주셨다. 어느 날 말씀을 묵상하던 중, 신명기 6장 4절부터 9절까지의 말씀이 유난히 가슴 깊이 울려왔다.

"이스라엘아 들으라 우리 하나님 여호와는 오직 유일한 여호와이시니 너는 마음을 다하고 뜻을 다하고 힘을 다하여 네 하나님 여호와를 사랑하라 오늘 내가 네게 명하는 이 말씀을 너는 마음에 새기고 네 자녀에게 부지런히 가르치며 집에 앉았을 때에든지 길을 갈 때에든지 누워 있을 때에든지 일어날 때에든지 이 말씀을 강론할 것이며 너는 또 그것을 네 손목에 매어 기호를 삼으며 네 미간에 붙여 표로 삼고 또 네 집 문설주와 바깥 문에 기록할지니라" (신명기 6:4-9)

이 말씀을 통해 하나님께서는 내게 분명한 사명을 보여 주셨다. 말씀을 삶에 새기며 살아내는 청년들, 곧 현대를 살아가는 기독교 청년들의 눈높이에 맞는 기독교 디자인 브랜드를 세우라는 부르심이었다.

그렇게 시작된 이름, '그레이스벨(Gracebell)'.

은혜의 종소리가 울려 퍼지듯 디자인을 통해 하나님의 말씀이 전해지기를 바라는 마음으로 첫걸음을 내디뎠다. 그렇게 그레이스벨을 시작으로 기독교 디자인을 바라보는 나의 시선도 달라졌다.

기독교 디자인은 단순한 작업이 아니라, 예배의 한 부분이자 섬김의 도구, 그리고 하나님의 말씀을 전하는 통로라는 사실을 깨닫게 되었다.

그리하여 그레이스벨의 모든 디자인은 세상의 유행을 좇기보다 말씀을 삶에 적용하려는 믿음의 청년들이 하나님의 말씀과 더 가까이 할 수 있도록 돕는 데 목적을 두게 되었다.
그리고 그 모든 작업은 단순한 성공을 위한 프로젝트가 아니었다. 그것은 하나님께 영광을 돌리는 거룩한 사역이 되었다.

디자인을 통해 하나님께 예배드리는 삶,
그것이 내가 그레이스벨 안에서 받은 또 하나의 사명이었다.

오늘
내가 네게
명하는 이 말씀을
너는 마음에 새기고
네 자녀에게
부지런히 가르치며

집에 앉았을 때에든지
길을 갈 때에든지
누워 있을 때에든지
일어날 때에든지

이 말씀을
강론할 것이며

너는 또 그것을
네 손목에 매어
기호를 삼으며

네 미간에 붙여
표로 삼고
또 네 집 문설주와
바깥 문에
기록할지니라

신명기 6:6-9

38 · 주님 오늘도 말씀을 쏩니다

07
치열한 세상에서 길러진 사명의 기초

나는 여러 날 밤을 새워가며 대기업 광고 디자인에 전념하는 광고 회사를 운영하고 있었다. KTF, 데이콤, 삼성전자, CJ, 동원F&B, 신협, 농협카드, 한솔교육 등 이름만 들어도 알만한 굵직한 기업들이 주요 클라이언트였다.

그 세계는 철저한 경쟁 프레젠테이션을 통해 오직 1등만이 프로젝트를 따낼 수 있는 승자독식의 전쟁터였다.

일주일에 3~4일은 사무실에서 먹고 자며 아이디어를 구상해야 했고, 주어진 시간 안에 만족스러운 결과물을 반드시 완성해야만 살아남을 수 있는 속도와 결과 중심의 치열한 환경 속에 놓여 있었다.

그렇게 나는 세상에서 하나의 프로젝트를 성공적으로 완수하는 일에 익숙한 사람이 되어 있었다. 하지만 지금 돌이켜보면, 그 시간은 단지 생계를 위한 수고만은 아니었다.

하나님은 바로 그 현장에서 나를 단련시키고 계셨던 것이다.

포기하지 않는 끈기, 끝까지 일을 수행하는 책임감, 그리고 그 치열한 전쟁터에서 쌓인 담대함과 열정은 훗날 하나님께서 내게 맡기실 사역을 감당하기 위해 일터라는 훈련장에서 먼저 길러 주신 성품이었다.

광고디자인이라는 직업은 겉보기엔 창의적인 일처럼 보이지만, 실상은 치열한 협상과 설득, 절제된 감정 관리, 그리고 끊임없이 자신을 내려놓아야 하는 훈련의 연속이었다.

그 과정은 내게 육체적 피로를 안겨 주었지만 결국은 인내와 책임이라는 '사명자의 기초'를 쌓는 시간이 되었음을 지금에서야 고백할 수 있게 되었다.

당시에는 몰랐지만 하나님은 나를 그렇게 준비시키고 계셨다. 내가 가진 전문성과 경험, 태도와 자세까지도 결국은 하나님의 뜻을 이루시기 위해 빚어가신 과정이었다는 것을 나는 시간이 흐른 후에야 비로소 깨달을 수 있었다.

그리고 모든 준비의 시간이 지나 2009년, 하나님의 뜻 안에서 기독교 디자인 브랜드 '그레이스벨(Gracebell)'이 탄생하게 되었던 것이다.

그러므로 누구든지
이런 것에서
자기를 깨끗하게
하면
귀히 쓰는 그릇이 되어
거룩하고
주인의 쓰심에 합당하며
모든 선한 일에
준비함이 되리라
디모데후서 2:21

08
그레이스벨의 정체성은 말씀이다

'그레이스벨'은 단순한 문구 브랜드가 아니다. 이 브랜드는 세상 속에서 말씀을 가까이하기 어려운 이 시대의 청년들에게 '예수님의 마음을 디자인으로 전하는 선교의 통로'였다. 말씀이 디자인된 그레이스벨을 사용하시려는 하나님의 계획은 처음부터 분명했고 그 계획하신 뜻에 순종하며 열심히 달려왔을 때 하나님께서 부어 주신 열매가 참으로 놀라운 것임을 알게 되었다.

한국의 유수 디자인 업체들이 치열하게 경쟁하는 '디자인 페스티벌'에서 관람객 인기 투표 3위를 기록했고, 디자인진흥원으로부터 '굿디자인상'을 수상하는 영예도 안았다. 또한 서울 어워드 우수상품으로 선정되며, '말씀으로 디자인된 브랜드'로 널리 주목받았다. 이 모든 과정은 사람의 손을 넘어 하나님께서 친히 일하시는 은혜의 순간이었으며, 기적과도 같았고 감사의 고백이 절로 나오는 시간들이었다.

그러나 한편으로는 현실의 벽도 있었다. 일반 대형서점에 입점하려 할 때마다 '종교적인 이유'로 번번이 거절당해야만 했다. 입점을 타진하며 서점 관계자들과 여러 차례 만남을 가졌고, 그러던 어느 날, 한 대형서점 측에서 이렇게 말했다.

"디자인은 정말 훌륭합니다, 다만 '말씀'만 제외하신다면 입점이 가능합니다." 그 말을 듣는 순간, 나는 조금의 망설임도 없이 단호하게 대답했다.

"말씀이 빠진 그레이스벨은 그레이스벨이 아닙니다."

그 제안에 응하는 것은 곧 우리 스스로 비전과 사명을 내려놓는 선택이 될 것이라 생각되어 단호히 거절했다.

그러나 그것이 입점 자체를 포기하겠다는 의미는 아니었다. 우리는 포기 대신 기도를 선택했다. 나와 직원들은 하나님의 인도하심을 굳게 믿으며, 말씀이 담긴 그 모습 그대로 세상의 진열대에 오를 날을 소망하며 기다렸다.

그 결단 이후 시작된 기약 없는 기다림. 그 시간은 단지 흘러가는 시간이 아니었다. 오히려 그레이스벨의 정체성과 사명을 더 깊이 새기며, '말씀'이 우리의 중심임을 다시 확인하는 믿음의 훈련 시간이었다. 솔직히 그들의 요청대로 말씀을 빼기만 했다면 아마도 일반 대형서점에 일찍 입점했을 것이다. 그러나 우리는 사람의 제안을 따르지 않고 앞서 일하시는 하나님을 신뢰하며 그분의 때를 기다렸다.

그리고 4년 뒤, 마침내 하나님께서 길을 여셨고, 말씀을 담은 그레이스벨은 그 모습 그대로 세상의 진열대에 당당히 설 수 있게 되었다.

그날의 인도하심은 지금도 여전히 이어지고 있으며, 그레이스벨은 현재도 일반 문구 시장 안에서 하나님의 말씀을 전하는 도구로 사용되고 있다. 이 모든 것을 가능케 한 건 단지 좋은 디자인이 아니었다. 말씀을 포기하지 않은 믿음의 고백, 그리고 이 사역이 하나님께 속한 일임을 믿었던 신앙의 결단이었다.

그레이스벨의 정체성은 언제나 '말씀'이다. 말씀이 빠진 디자인은 목적을 잃는다. 우리는 앞으로도 변함없이 말씀으로 디자인하고, 말씀을 전하며, 말씀이 살아 있는 브랜드로 남기를 원한다.

이 길이 외롭고 더딘 길일지라도 우리는 안다. 하나님의 말씀은 결코 헛되지 않으며, 때가 되면 반드시 열매 맺는다는 것을.

우리가 선을 행하되
낙심하지 말지니
포기하지 아니하면
때가 이르매
거두리라

갈라디아서 6:9

09
디자인 선교는 우리의 사명이다

 지금으로부터 15년 전, 그레이스벨은 말씀으로 디자인된 다양한 기독교 문구용품을 국내 전역에 유통하고 있었다. 기독교 서점은 물론, 교보문고와 영풍문고 같은 대형 서점에도 입점하며 넓은 유통망을 확보해 나가고 있었다. 하지만 내 마음 한편에는 점점 깊어지는 소망이 자리잡기 시작했다.

바로, '해외 디자인 선교'였다. 그 무렵 정부에서는 '수출 바우처 사업'을 통해 중소기업의 해외 진출을 지원하고 있었다. 나는 이 기회를 단순한 사업의 확장이 아니라, 하나님의 말씀을 전할 수 있는 또 하나의 선교의 문으로 받아들였다. 그리하여 2013년부터 KOTRA, 서울산업진흥원, 한국콘텐츠진흥원이 주최하는 각종 해외 한류 박람회에 도전장을 내밀기 시작했다.

'디자인 선교는 우리의 사명이다.'

그 마음 하나로, 우리는 수출의 길을 찾고 또 찾았다. 그러나 현실은 녹록지 않았다. 대부분의 박람회에서 우리 제품은 거절당했다. 성경 말씀이 인쇄되어 있다는 이유, 그리고 종교적, 문화적 이유로 외국 바이어들에게 호감을 얻기란 쉽지 않았다. 말씀 중심의 제품이기에 세상과의 접점은 생각보다 더 좁고, 더 높았다.
하지만 나는 알고 있었다. 이 길은 사람의 뜻으로 열리는 길이 아니라 하나님의 뜻으로 열리는 길이라는 것을.
그래서 우리는 포기하지 않았다. 거절 소식이 전해질 때마다 그레이스벨의 직원들은 함께 모여 기도했다. 하나님께서 반드시 열어 주실 것을 믿고 간절히 간구했다. 그 길은 더디고 멀게 느껴졌지만 그 기도의 시간은 결코 헛되지 않았다.

마침내 2017년 그레이스벨은 KOTRA 선정 '한류 50대 기업'에 이름을 올리게 되었고, 대만, 홍콩, 일본, 미국 등 여러 나라에서 그레이스벨의 말씀 제품에 대한 관심과 거래 요청이 이어지기 시작했다.

특히 대만에서는 CVS 편의점 체인인 패밀리마트와 세븐일레븐을 통해 말씀 중심의 제품들이 실제 유통되었고, 지금도 대만과 홍콩, 미국 등지에서 '그레이스벨'이라는 이름으로 복음이 전해지고 있는 중이다.

이 길은 단지 수출을 위한 여정이 아니다. 말씀을 품은 디자인으로 세상 끝까지 복음을 전하는 선교의 길이다.

나는 믿는다. 하나님은 사람이 열 수 없는 문도 여시는 분이시며, 이 작은 말씀 제품들이 누군가의 책상 위에, 가방 속에, 그리고 마음 한편 깊은 곳에 다가가게 하실 것이라고.

또 이르시되
너희는 온 천하에
다니며 만민에게
복음을 전파하라
마가복음 16:15

3부

하나님의 부르심, 청현재이

·

말씀그라피 문화의 태동

말씀을 담는다는 것은 단순한 글쓰기나 예술 활동을 넘어서, 하나님의 마음을 어떻게 전할 것인가에 대한 깊은 고민에서 시작됩니다. 그러한 고민 가운데, 현대적인 디자인을 통해 복음을 전하고자 했던 '그레이스벨'과 감성적인 글씨, 말씀그라피로 하나님의 말씀을 전하고자 했던 '청현재이'는 같은 시기에 서로 다른 방향에서 하나님의 마음을 품은 사역으로 자라나게 되었습니다.

이 장은 말씀그라피가 단지 기술이나 유행이 아닌, 하나님의 뜻을 따라 기독교인들의 믿음을 지키고 은혜를 나누는 새로운 기독교 문화로 거듭나는 여정을 담고 있습니다.

10
말씀그라피의
시작

 말씀그라피 사역이 지금 이 자리에 이르기까지 하나님께서 어떻게 이끌어 오셨는지를 말로 다 설명하긴 어렵다. 그저 자랑처럼 들릴까 조심스러워 말하지 못했던 이야기들. 하지만 이제는 이 모든 것이 '하나님의 섭리'였다는 고백을 담아 조금씩 풀어내려 한다.

25년 전에는 '캘리그라피'라는 말조차 낯설던 시절이었다. 나는 대기업 광고디자인 일을 하며 붓을 들고 광고 카피에 잘 어울리는 감성적인 글씨를 쓰곤 했다.

낮에는 광고주와의 미팅, 직원들과의 아이디어 회의 등으로 바쁜 시간을 보냈지만, 밤이 되면 직원들이 모두 퇴근한 사무실에 남아 자그마한 스탠드 불빛 아래 조용히 붓을 들었다. 마음에 드는 글씨가 나올 때까지, 매일 쓰고 또 쓰기를 반복하며 글의 감성을 담으려 애썼다.

당시엔 서예나 펜글씨 학원뿐이었고, 감성적인 글씨에 대한 길잡이는 어디에도 없었다. 부족함을 채우기 위해 동대문 고서점들을 찾아다녔고, 책 속에서 독특한 글씨체를 발견하면 그 책들을 구매해서 따라 써보기도 하고, 새벽까지 여러가지 감성적인 서체들을 혼자 만들어볼 정도로 글씨 창작에 몰두하던 시기였다.

그렇게 며칠, 몇 달, 몇 년의 시간이 흘렀다. 감성을 담은 글씨를 창작하기 위해 애쓴 시간은 어느새 나만의 독창적인 손글씨로 이어졌고, 누구도 흉내 낼 수 없는 나만의 감성이 담긴 새로운 글씨 환경을 구축하게 되었다.

그러던 어느 날, 하나님께서 내 마음 깊은 곳에 말씀하셨다.

"광고를 위해 쓰던 그 붓으로 이제는 나의 말씀을 써라."

그 부르심 앞에 나는 말씀을 쓰기 위한 순종의 붓을 들게 되었다.

내가 또주의 목소리를 들으니
주께서 이르시되
내가 누구를 보내며
누가 우리를 위하여
갈꼬 하시니 그때에
내가 이르되
내가 여기 있나이다
나를 보내소서 하였더니

이사야 6:8

11
붓으로
처음 쓴 말씀,
두려워하지 말라

광고 회사를 운영하던 시절, 나는 청담동 인근의 단독 건물을 리모델링하여 사무실로 사용하고 있었다. 그중 2층, 나의 사무실 한편에는 작은 방음실이 있었다. 그곳은 업무로 지친 내 삶에 오직 한 줄기 쉼을 주는 유일한 공간이었다. 그 공간에서 나는 색소폰을 연주하곤 했다. 지금은 더 이상 그 악기를 불지 않지만, 그 당시 색소폰을 불던 시간은 세상과 단절된 나만의 '힐링의 순간'이자 유일한 숨구멍이었다.

그러던 어느 날, 마음 깊은 곳까지 흔들리는 삶의 큰 위기와 혼란이 찾아왔다. 무엇으로도 채워지지 않는 불안과 막막함 속에서 나는 평소처럼 방음실 문을 열고 들어갔다.

나는 보면대를 치우고, 그 자리에 작은 탁자를 놓았다. 그리고 탁자 위에 화선지를 펼쳐 놓고 붓을 들었다. 색소폰 대신 나는 붓으로 말씀을 써 내려가기 시작했다.

그때 내가 처음 쓴 말씀은 이사야 41장 10절,
"두려워하지 말라 내가 너와 함께 함이라."

말씀을 쓰는 그 순간, 설명할 수 없는 감정이 북받쳐 올라와 눈물이 쏟아졌다. 그 눈물은 그대로 화선지 위에 떨어졌고, 먹물과 함께 번지며 말씀과 눈물이 하나가 되는 오묘한 은혜의 장면을 만들어 냈다.

그 번짐은 마치 "너의 복잡한 마음을 다 알고 있단다. 내가 너와 함께하고 있으니 두려워하지 말아라."고 말씀하시는 주님의 따뜻한 손길처럼 느껴졌다.

그날, 나는 확신했다. 이 감동은 나 혼자만의 것이 아니라는 것. 이 은혜는 흘러가야 한다는 것.

그리고 나는 결심했다. 붓으로 광고 카피를 쓰던 손이, 이제는 하나님의 말씀만을 쓰는 손이 되기로.

지금 돌이켜보면, 그 방음실은 단순한 음악 연습실이 아니었다. 하나님과 단둘이 마주하던 기도의 방이었고, 그곳에서 나는 말씀으로 위로받았고, 그 은혜를 나누는 사명의 출발점에 서게 되었던 것이다.

두려워하지 말라
내가 너와 함께
함이라

놀라지 말라 나는 네 하나님이
됨이라 내가 너를
굳세게 하리라 참으로
너를 도와주리라

참으로 나의 의로운 오른손으로
너를 붙들리라
이사야 41:10

12
재능은
나의 것이라는
교만을 꺾다

 어느 날, 서울 은평구에서 사역 중이신 어느 목사님 부부와 교회 미화를 맡은 집사님들이 내 작업실이 있던 서울시 구로디지털단지까지 찾아오셨다. 그중에서도 사모님은 캘리그라피에 유독 큰 관심을 보이셨다. 예전부터 기독교 서점에서 '청현재이' 제품들을 자주 보셨고, 그 글씨들을 직접 써 보고 싶다는 마음이 점점 커지셨다고 했다. 그래서 결국 교육을 받고 싶어 연락까지 하게 되셨다는 사연을 들려주셨다.

사모님은 직접 문구점에서 구매한 붓펜으로 쓰신 말씀들로 스크랩한 파일을 일일이 보여 주시며 교육을 간절히 요청하셨다. 그 모습에서 진심 어린 갈급함이 느껴졌지만, 그때의 나는 내게 주어진 캘리그라피 재능이 나만의 것이라 여기고 있을 때였기에 누군가를 가르쳐야겠다는 생각이 전혀 없었을 뿐더러 교육에 대한 준비도 되어 있지 않았던 시기였다.

그래서 한국캘리그라피디자인협회에서 알고 지내던 선생님 한 분을 소개해 드리고 연락처도 건네 드렸다. 그런데 나중에 그 선생님에게 전해 듣기로는 아무에게도 연락이 오지 않았다고 하셨다. 그 말을 듣는 순간 마음이 아프고 미안함이 깊게 밀려왔다. 세상적인 캘리그라피가 아닌 말씀으로 캘리그라피를 배우고 싶어 하는 사모님의 갈급한 마음을 나의 교만과 부족한 준비 탓으로 외면한 것 같아 마음이 무거웠다.

그때 하나님의 음성과도 같은 메시지가 내 마음을 강하게 울렸다.

"너의 것은 네 것이 아니다. 내 것이다. 잘 가르쳐서 나를 위해 사용하라."

내가 가진 모든 것은 결국 하나님의 것이며, 그분의 뜻을 따라야 한다는 것을 깨달았다. 하나님만이 내 삶의 중심이며, 나를 사용하기를 원하는 분이시라는 사실이 분명해졌다. 마침 내가 홍익대학교 대학원 마지막 학기를 보내며 중요한 논문을 준비하던 때였지만, 기도를 하면 할수록 '말씀그라피 교육을 향한 터닝 포인트가 필요하다'는 마음이 깊어졌다.

결국 나는 과감히 1년 휴학을 결정했고, 말씀그라피 교육을 위한 캘리그라피 논문 준비에 집중하기 시작했다. 비록 대학원에서는 말씀과 캘리그라피를 직접 연결한 논문을 쓰지는 못했지만, 캘리그라피 이론을 정리하고 정립하는 귀한 계기가 되었다.

그 경험은 지금의 말씀그라피 교육을 세우는 데 중요한 토대가 되었다. 아이러니하게도, 그렇게 나에게 말씀그라피 교육의 불을 지폈던 사모님은 안타깝게 그 교육의 자리에서 뵙지는 못했다.

하지만 나는 믿는다. 그 사모님을 통해 하나님께서 내 마음을 움직이신 것이고, 그분의 섭리로 시작된 말씀그라피 교육은 지금도 계속되고 있다는 것을.

 그 이후 나는 말씀그라피 교육의 체계를 하나씩 세워가기 시작했다. 단순한 붓글씨 기술을 넘어 말씀을 묵상하고 삶에 새기는 '복음적 글씨'의 본질을 고민하며 교안을 만들고, 교육 과정을 다듬었다.

 그렇게 시작된 첫 걸음이 오늘날 말씀선교사 양성과정, 신학대학교 강의, 그리고 다양한 말씀그라피 특강 등으로 열매 맺을 수 있었다는 사실은 모두 하나님의 은혜였다. 말씀은 여전히 나를 가르치고, 그 말씀을 글씨로 전하는 사명은 지금도 내 안에서 계속 자라고 있다.

> 각각 은사를 받은 대로 하나님의 여러 가지 은혜를 맡은 선한 청지기 같이 서로 봉사하라
>
> 베드로전서 4:10

4부

서원의 삶

•

오직 말씀만 쓰겠습니다

세상은 언제나 더 높고, 더 화려하고, 더 많은 것을 요구합니다. 그러나 하나님께 부름받은 사람은 '덜어냄'과 '구별됨'을 선택합니다. 이 장은 화려한 길보다 좁은 길을 택한 이야기, 오직 '말씀만을 쓰겠다'는 서원의 고백과 그 순종을 기록합니다.

13
세상과 구별되어

'청현재이'는 아직 '캘리그라피'라는 단어조차 낯설던 시절부터 한글 캘리그라피와 하나님의 말씀을 접목한 '말씀캘리그라피'(지금은 '말씀그라피'로 불린다) 문화를 조심스럽게 만들어가기 시작했다. 처음 이 길을 시작했을 땐 교회 안에서도 '캘리그라피'가 무엇인지 잘 알지 못했다. 붓으로 말씀을 쓴다는 이유만으로 그것을 단순히 '서예'로 여기며 대수롭지 않게 생각하는 분들도 많았다. 그렇지만 나는 붓을 통해 말씀을 감성적으로 쓰는 일이 하나님의 마음을 깊이 묵상하는 방법이며, 인쇄된 폰트로는 느낄 수 없는 은혜가 손글씨로 마음에 새겨진다는 귀한 경험을 많은 기독교인들과 나누고 싶었다. 그러나 이렇게 좋은 경험을 어떻게 전해야 할지 알 수 없었던 나는, 답답함 속에서 더욱 간절히 기도할 수밖에 없었다. 말씀을 담은 글씨, 곧 말씀그라피를 단순한 '예술'이 아니라 믿음을 지키며 복음을 전하는 도구로 소개해야 한다는 부담은 늘 조심스러웠고, 진심 어린 설명이 필요했다.

그러던 중 2009년, 스마트폰을 통해 이미지를 자유롭게 전송할 수 있는 시대가 열렸다. 그 시대적 흐름에 맞춰 청현재이는 기독교 최초의 '캘리그라피 어플'을 제작해 배포했고, 안드로이드에서만 50만 명 이상, 아이폰을 포함하면 80만 명 이상이 '말씀그라피'를 접하는 놀라운 결과를 경험하게 되었다. 이제는 SNS를 통해 누구나 쉽게 감성적으로 표현된 하나님의 말씀을 만날 수 있게 되었고, 말씀그라피 문화는 눈에 띄게 확장되었다. 그러나 나에게 이 사역은 사람들에게 나를 드러내기 위한 일이 아니었다. 말씀그라피를 통해 기독교인들에게 하나님의 마음을 전하고자 하는 변하지 않는 사명의 고백일 뿐이었다. 그래서 나는 오늘도 붓을 들기 전 먼저 말씀 앞에 무릎을 꿇는다. 그 처음의 마음을 잃지 않기 위해.

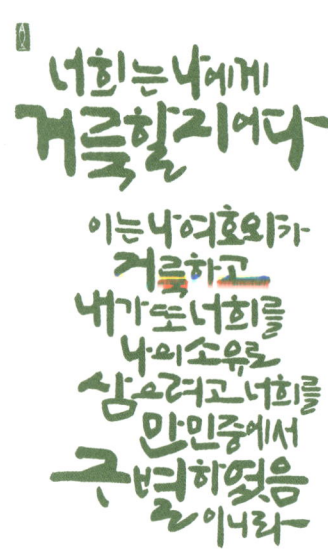

14
하나님과의 약속, 그리고 거절의 이유

 유명 건강식품 회사에서 새로운 제품의 로고를 캘리그라피로 써 달라는 요청이 들어온 적이 있었다. 그 회사는 기독교 기업으로도 알려져 있었고 작업에 대한 적절한 비용도 지불하겠다고 했다. 주변 사람들은 당연히 내가 이 작업을 진행할 것이라 생각했을지도 모른다. 캘리그라피 작가로서 명성을 쌓아온 나에게 그 제안은 외적으로나 내적으로 꽤 괜찮은 기회처럼 보였을 수도 있다.

하지만 나는 그 요청을 거절할 수밖에 없었다. 그 제안을 받았을 때, 순간 내 마음속에 하나님과 맺은 한 가지 서원이 또렷이 떠올랐기 때문이다.

"나는 오직 하나님의 말씀만을 쓰겠습니다."

그 약속은 단순한 다짐이 아니라 하나님 앞에 드린 나의 삶의 방향이자 사명의 고백이었다. 나는 '청현재이'라는 이름으로 살아가며 이 서원을 결코 가볍게 여기지 않기로 결단했었던 그 일이 불현듯 떠올랐고, 다시 한 번 내게 맡겨진 사명의 무게와 거룩한 책임감이 마음 깊이 밀려왔다. 그래서 나는 주저하지 않고 직원을 통해 "진행이 어렵겠다"는 뜻을 정중히 전했다. 단순히 못 하겠다는 거절이 아니라, 하나님 앞에서 내가 누구인지, 그리고 무엇을 위해 글씨를 쓰고 있는지를 다시 한번 확인하는 순간이었다.

물론 캘리그라피는 세상의 수많은 메시지를 전할 수 있는 예술이다. 하지만 나에게는 그 모든 가능성보다 더 소중한 기준이 있다. 그것은 바로 하나님의 말씀이 글씨의 중심이어야 한다는 믿음.

그 길 위에서 하나님과의 약속을 지켜가는 것이 무엇보다도 큰 가치라는 것을 잊지 않으려 한다. 이 작은 결단이 제자들에게도 하나의 영적인 롤모델이 되기를 바라며, 오늘도 나는 다시 마음을 새긴다.

"오직 말씀만을 쓰겠습니다."

사람이 여호와께
서원하였거나
결심하고
서약하였으면
깨뜨리지말고
그가 입으로 말한대로
다 이행할것이니라

민수기 30:2

15
하나님이 주신 이름, 청현재이

나는 캘리그라피 활동을 하며 단 한 번도 본명을 내세운 적이 없다. 처음부터 하나님께서 성령으로 주신 이름 '청현재이'로 사역해왔다. 간혹 사역 현장이나 모임 등에서 "청현재이는 무슨 뜻인가요?"라고 묻는 분들이 종종 계신다.

'청현재이(淸炫才怡)'는 한자 네 글자로 구성되어 있다. 청

4부 서원의 삶 · 75

(淸)은 맑을 청, 현(炫)은 밝을 현, 재(才)는 재주 재, 이(怡)는 기쁠 이.

세상을 맑고 밝게 비추는 재능으로 하나님께 기쁨을 드리겠다는 신앙적 의미가 담긴 나의 호(號)다.

나는 부모님이 지어 주신 이름보다, '청현재이'라는 이 이름으로 불리기를 원했다. 세상의 유혹에 흔들리지 않고 이 이름의 뜻처럼 살아가고 싶은 마음이 컸기 때문이다. 붓으로 말씀을 쓰는 날들은 내게 하나님의 은혜를 깊이 묵상하는 시간이 되었다. 그 시간이 차곡차곡 쌓이면서 이 은혜의 경험을 더 많은 이들과 나누고 싶다는 마음이 생겨났다.

처음엔 단순한 개인의 감동이었지만, 그 감동은 점점 말씀그라피를 통해 하나님의 마음을 전하고자 하는 사명감으로 자라났다. 그 사명은 이내 확신으로 이어졌고, 청현재이 말씀그라피는 믿는 이들이 하나님의 마음에 좀 더 가까이 다가갈 수 있도록 돕는 통로가 될 수 있다는, 분명한 깨달음으로 다가왔다.

이 길 위에서 나는 내가 감당해야 할 소명이 무엇인지, 하나님께서 내게 맡기신 일이 무엇인지 조금씩 더 깊이 알게 되었다.

일어나라
빛을 발하라
이는 네 빛이 이르렀고
여호와의 영광이
네 위에 임하였음이니라

이사야 60:1

16
하나님 중심의 가치관으로

나는 언제나 '청현재이'라는 개인보다 하나님 말씀이 중심이 되는 말씀그라피 사역 자체에 더 많은 관심이 집중되기를 바랐다. 그래서 가능하면 간증 프로그램에도 나가지 않으려 했고, 방송 출연이나 신문, 잡지, 강의 등 다양한 사역 활동을 하면서도 내 개인 프로필에는 구체적인 이력을 따로 적지 않았

다. 나를 드러내기보다는 말씀과 사역이 중심이 되길 원했기 때문이다.

그러다 보니, 25년 넘게 하나님을 향한 사역에 전념해 왔음에도 오히려 세상의 다른 사람들보다 뒤처져 있는 사람처럼 보이기도 했다. 나는 그동안 조용히, 하나님만이 이 중심을 아시고 하나님만이 이 길을 인도하신다는 믿음을 붙들고 기도하며 사역의 길을 걸어왔다. 하지만 어느 순간, 내 마음속에 작은 질문이 고개를 들기 시작했다.

"내가 왜 이렇게 내 사역에 대해 더 알리지 않았을까?"

"내가 걸어온 길을 다른 사람들이 좀 더 알았더라면 좋지 않았을까?"

이 질문 안에서 내가 미처 인식하지 못했던 교만의 그림자가 꿈틀거리기 시작했다.

말씀만을 쓰는 사람의 삶은 세상 기준으로 보면 단조롭고 소극적으로 비칠 수도 있다. 반면, 세상의 조명을 받으며 활발하게 활동하는 사람들은 더 '높아 보이고', 더 '성공한 사람'처럼 여겨지는 것이 사실이다.

이러한 현실 속에서 "그런 모습 또한 하나님께 영광을 돌리는 길이 될 수 있는 건 아닐까?"라는 그 질문이 한동안 내 마음을 맴돌았다. 하지만 오래 지나지 않아 하나님께서 "세상 중심의 가치관과 하나님 중심의 가치관은 전혀 다르다"는 분명한 깨달음을 주셨다.

그 진리를 깨닫는 순간, 나의 교만한 생각이 한순간에 정리되었다. 세상은 성과와 명성, 지위처럼 눈에 보이는 것을 중요하게 여기지만,

하나님은 순종하는 마음과 그분의 뜻을 따르는 삶을 더 귀하게 여기신다는 사실을 나는 다시금 깊이 깨닫게 된 것이다.

그 깨달음은 지금까지도 내 사역의 중심을 지켜주는 기준이 되었고, 오늘도 그 중심을 붙들며 세상의 기준이 아닌 하나님의 시선 아래 나의 사역을 조용히 올려 드릴 수 있게 되었다.

이렇게 지켜 온 하나님 중심의 사역 가치관은 말씀그라피 교육을 통해 함께 기도하고 말씀을 나누며 사역의 마음을 품은 제자들을 양성하는 열매로 이어졌고, 그렇게 우리는 마침내 '청현재이 말씀그라피 선교회'라는 이름 아래 말씀그라피 복음의 사명을 함께 감당하게 되었다.

선교회는 나 개인의 이름이 드러나기 위한 공간이 아니라, 오

직 말씀만이 중심이 되고 하나님만이 영광 받으시는 사역의 공동체로 세워졌다.

사람은 외모를 보거니와
나 여호와는 중심을 보느니라
사무엘상 16:7

5부

청현재이 말씀그라피의 철학

·

마음에 새기는 영석인 글씨

말씀그라피는 단순히 감성을 담은 글씨가 아닙니다. 그 안에는 말씀을 깊이 묵상한 신앙의 고백과 삶을 향한 믿음의 결단이 담겨 있습니다. 말씀그라피는 예술이기 이전에 복음을 전하는 통로이며, 하나님의 말씀을 사람들의 마음에 새기는 영적인 글씨입니다. 글씨가 얼마나 멋있게 쓰였는가보다 더 중요한 것은 그 말씀이 얼마나 잘 읽히고, 얼마나 은혜로 전달되느냐는 점입니다.

이 장에서는 말씀그라피가 지닌 선교적 정체성과 영적 깊이, 그리고 그 길을 걸어온 이들의 진심 어린 고백을 나눕니다. 이는 단순한 기록이 아니라, 말씀을 손끝으로 새기며 살아온 한 사역자의 철학과 믿음의 발자취입니다.

17
말씀그라피는 묵상 글씨다

 말씀그라피는 단순히 성경 구절을 예쁘게 쓰는 캘리그라피가 아니다. 그 안에는 성령의 인도하심 속에서 말씀을 깊이 묵상하며 써 내려가는 고백과 기도가 담겨 있다.
 나는 말씀그라피를 또 다른 말로 하나님의 말씀을 감성적으로 묵상하고 표현하는 글씨, 곧 '묵상글씨'라 부른다. 눈에 보

이는 글씨보다 더 중요한 것은 글씨를 쓰는 마음의 태도와 묵상의 깊이다.

말씀그라피를 쓰는 시간은 곧 예배의 순간이다. 하나님의 말씀을 써 내려가다 보면 문자 너머에 담긴 하나님의 깊은 뜻과 마음을 만나게 되고, 그 뜻에 순종하고자 하는 간절한 열망이 쓰는 이의 마음속에 피어난다. 그래서 말씀그라피는 단순한 기술이나 미적 표현이 아니라 하나님과 깊은 교제를 나누는 영적인 도구이며, 기도로 붓을 들고 말씀으로 물들어가는 묵상의 여정이다.

'청현재이 말씀그라피 선교회'에서 진행하는 '말씀선교사 교육과정'에는 목회자, 사모, 장로, 권사, 집사님들이 참여하고 있다. 처음에 그들은 좋은 글씨를 쓰는 방법을 배우고 싶다고 시작하지만, 시간이 흐를수록 그들의 고백은 달라진다.

"글씨가 조금씩 변해가는 것도 감사하지만, 그보다 더 감사한 것은 말씀을 붓으로 써 내려가는 그 시간이 은혜입니다. 하나님의 말씀이 마음에 새겨지고, 삶이 달라집니다."

매주 한 번, 세 시간씩 함께 말씀을 쓰고 묵상하며 고백하는 시간은 수업을 넘어서는 삶의 예배이다. 말씀그라피는 그렇게 우리의 손끝을 통해 하나님의 마음을 전하며, 말씀을 쓰는 그 순간에 우리를 하나님의 뜻으로 이끄는 은혜의 길이 된다.

내가 주의 법도들을
작은 소리로 읊조리며
주의 길들에 주의하며

주의 율례들을 즐거워하며

주의 말씀을 잊지
아니하리이다

시편 119:15-16

18
말씀이
잘 안 읽혀요

"말씀이 잘 안 읽혀요~!"

이 말은 과거 교회에서 말씀그라피 나눔을 진행할 때 종종 들었던 이야기다. 처음엔 그 말을 듣고 조금 당황했다. 나는 나름대로 열심히, 멋지게 글씨를 썼다고 생각했기 때문이다. 캘리그라피 작가로서 멋진 글씨를 쓰고 싶은 마음은 자연스러운 일이다. 예쁘고 독특한 글씨는 사람들의 시선을 끌 수 있고, 글씨가 마치 그림처럼 보일 때 그 자체로 감탄을 자아내기도 한다.

나 역시 처음엔 "어떻게 하면 더 예쁘게, 더 멋지게 쓸 수 있을까…"라고 생각하며 그런 스타일을 추구했다. 사람들의 시선이 내 글씨의 기준이었다. 하지만 시간이 흐를수록, 교회 성도들이 바라는 것은 '멋진 글씨'가 아니라 '읽히는 말씀'이라는 사실을 깨닫게 되었다. 그들은 아름다운 조형보다 하나님의 말씀이 정확하게 잘 읽히기를 원했던 것이다.

하나님의 마음을 담은 살아 있는 말씀이 삶에 스며들기를 원하는 그들에게 필요한 것은 멋진 글씨가 아닌, 진리가 잘 전달되는 글씨였다.

그때부터 글씨에 대한 내 관점이 완전히 바뀌었다. 캘리그라피가 아무리 예술적이라도 그 말씀이 읽히지 않는다면 의미가 없으며, 너무 조형적으로 쓰여진 말씀은 성도들이 그 뜻을 놓칠 수도 있다는 사실을 알게 되었다. 그때 이후로 나는 글씨를 쓸 때 가장 중요하게 여기는 것이 가독성, 그리고 묵상에서 비롯된 감성의 깊이가 되었다.

말씀그라피는 말씀이 쉽게 읽히되, 그 안에 담긴 은혜가 자연스럽게 전달될 수 있도록 써야 한다. 결국 글씨는 나를 드러내는 수단이 아니라 하나님을 드러내는 도구여야 한다. 그분의 마음이 전달되고, 말씀의 감동이 보는 이들의 가슴에 스며들 수 있도록 써야 한다.

그래서 '청현재이 말씀그라피 선교회'가 추구하는 것은 단순히 멋지고 예쁜 글씨가 아니다.

우리는 언제나 하나님의 마음이 잘 전해지는 글씨, 그리고 성도들의 삶에 은혜가 되는 글씨를 쓰기 원한다.

말씀을 쓸 때, 그 한 구절이 누군가의 마음에 위로가 되도록. 그 한 줄이 누군가의 신앙을 깨우는 울림이 되도록.

하나님의 율법책을 낭독하고
그 뜻을 해석하여 백성에게
그 낭독하는것을
다 깨닫게 하니

느헤미야 8:8

19
낙관 위치가 달라요

　청현재이 말씀그라피 선교회 소속 '말씀선교사'들은 매년 여러 차례 말씀그라피 작품을 준비한다. 신년을 맞아 준비하는 말씀그라피, 부활절 말씀깃발, 찬양 캘리그라피전을 위한 찬양 사역자의 가사, 예수님 성탄을 축하하는 성탄절 작품 등 선교회의 모든 걸음은 말씀을 쓰고, 그 말씀으로 하나님을 전하는 사명으

로 이어진다. 그리고 모든 작품은 완성 후 반드시 낙관으로 마무리를 짓는다. 서예 작품에서도 인장(낙관)이 세 개 이상 찍히는 경우를 흔히 볼 수 있다.

몇 해 전, 모 서예단체에서 캘리그라피 공모전 심사 요청을 받은 적이 있었다. 그 자리에는 내게 배운 말씀선교사들도 작품을 출품했다. 공정한 심사를 위해 제출자의 이름은 보지 않았다. 심사 중, 그 단체의 관계자가 내게 다가와 말했다.

"선생님, 몇몇 작품에서 낙관 위치가 다르던데요. 혹시 청현재이 소속 제자분들의 작품이 아닐까요? 나중에 수업하실 때 성명인을 찍고, 그다음에 아호인을 찍는 것으로 지도해 주시면 좋겠습니다."

서예에서 낙관의 의미는 작가의 작품임을 증명하는 것이다. 첫 글자 머리 위에 두인(頭印), 마지막 글자에 성명인(姓名印), 이어서 아호인(雅號印), 작품의 빈 공간에 유인(遊印)을 찍기도 한다. 캘리그라피 또한 서예의 전통을 이어받아 대부분 이 방식을 따른다.

그러나 선교회에서 추구하는 작품에서의 낙관은 조금 다른 의미를 지닌다. 일반적인 서예에서는 보통 성명인을 먼저, 아호인을 나중에 찍지만, 청현재이 말씀그라피 작품에서는 그 순서가 다르다. 우리는 먼저 신앙적 의미를 담은 아호인을 찍고, 그다음에 성명인을 찍는다. 아호인은 하나님께서 주신 영적 사명과 정체성의 상징이며, 그 뒤에 찍는 성명인은 육신의 부모님이 주신 세상 이름을 뜻한다. 이 낙관의 순서는 단순한 형식이 아니다.

말씀대로 살겠다는 약속의 고백이며, 개인의 이름보다 말씀이 앞서야 한다는 다짐, 그리고 하나님의 말씀 앞에 자신을 겸손히 낮추는 태도가 이 작은 도장 순서 안에 담겨 있다.

그래서 나는 관계자분께 이렇게 말씀드렸다.
"세상과 다르게 하려는 것이 아닙니다. 세상의 전통과 습관도 하나님의 뜻 안에서는 새롭게 변화되어야 한다고 믿습니다. 말씀을 쓰는 순간부터 낙관으로 마무리하는 모든 과정이 하나님 앞에서의 고백이어야 한다고 가르치고 있습니다."
그 답변에 관계자분도 고개를 끄덕이며 공감해 주셨다. 말씀그라피는 나의 작품이 아닌 하나님을 향한 고백이다. 개인이 드러나는 예술이 아닌 말씀의 영광만이 남아야 한다. 그 믿음이 말씀선교사의 자세이며, 하나님 앞에 겸손히 엎드리는 우리 사명의 본질이다.

또 무엇을 하든지 말에나 일에나 다 주 예수의 이름으로 하고 그를 힘입어 하나님 아버지께 감사하라
골로새서 3:17

20
그렇게 나는 나이를 먹고 있었다

 기독교 문화는 하나님의 사랑을 전하는 데 중요한 역할을 해 왔다. CCM 찬양, 기독 미술, 말씀그라피, 뮤지컬 등 다양한 장르가 복음을 드러내고 신앙을 지켜 나가는 데 힘이 되어 주었다.
 그중에서도 말씀그라피는 비교적 짧은 역사임에도 불구하고

하나님을 묵상하고, 말씀을 삶에 적용하는 데 있어 점점 더 중요한 기독교 문화로 자리 잡아가고 있다. 인터넷과 SNS를 통한 전도, 교회 현수막과 주보, 신앙 서적의 표지, 교회 표어와 로고, 심지어 성도들의 가훈과 감성적인 성경 필사에 이르기까지….

말씀그라피는 이제 믿음의 일상 속에서 자연스럽게 쓰이고 있다. 말씀그라피가 이처럼 중요한 도구가 되다 보니 말씀그라피를 체계적으로 교육하고 가르치는 일의 중요성도 점점 커지고 있음을 느낀다.

현재, '청현재이 말씀그라피 선교회'는 말씀그라피를 교육하고 선교하는 유일한 단체이다. 일부 캘리그라피 강사들이 교회 내에서 말씀을 가르치기도 하지만 여전히 대부분의 교육은 전문적이거나 체계적이지 못한 것이 현실이다.

10년 전부터 나는 확신이 있었다. 말씀그라피는 단순한 취미나 예술이 아니라, 입술로 찬양하는 기독교 음악처럼 '손으로 드리는 찬양'이 될 수 있다고 믿었다. 만약 신학대학교에서 교과목으로 정식 인정되고, 말씀그라피가 체계적인 교육 안에서 진행된다면, 이는 성도들에게 말씀을 더욱 가까이함과 동시에 한국 교회 안에 새로운 신앙 문화의 흐름을 만들어 낼 수 있을 것이라고 생각했다. 그런 믿음으로 지금까지 말씀선교사 양성

과정에 집중해 왔고, 선교회를 통해 전국 교회와 성도들에게 말씀그라피를 전해 왔다.

  하지만 아직까지 이 귀한 사역이 세상 속에서 큰 주목을 받지 못하는 현실이 아쉬움으로 남아 있다. 더 크고 화려한 것에 시선을 두는 이 시대 속에서, 말씀그라피는 여전히 변방에 서 있는 듯했다. 그렇다고 해서 나는 서두르지 않았다. 말씀그라피가 이 땅에 뿌리내리는 일 역시 하나님께서 하실 일이기에 그것을 믿고 기다리는 여정 가운데, 어느덧 나이는 들었고 건강도 예전 같지 않지만, 여전히 그분의 때를 기다리며 한 걸음 한 걸음 순종하며 걸어가고 있다.

> 네 길을 여호와께 맡기라
> 그를 의지하면
> 그가 이루시고
> 네 의를 빛같이 나타내시며
> 네 공의를
> 정오의 빛같이 하시리로다
> 시편 37:5-6

21
캘리그라피, 말씀캘리그라피, 말씀그라피

 캘리그라피는 이제 우리 문화 속에서 깊숙이 자리 잡은 예술로, 특히 한국에서는 그 사용 범위가 매우 넓어졌다.

 2004년, 국립국어원에서는 '캘리그라피'를 신조어로 선정하고 이를 '멋글씨', '멋글씨 예술'이라는 순화어로 공표할 정도로 이 단어는 대중문화에 큰 영향을 끼쳤다. 캘리그라피가 한국에 특히 유행하게 된 이유는 우리가 사용하는 '한글'이 그 주체로서 매우 적합하기 때문이다.

한글은 표음문자, 즉 소리 나는 대로 쓸 수 있는 문자이기 때문에 감성을 표현하는 데 매우 유리하다. 감성적으로 쓸 때 음의 고저(高低)를 고려하여 글씨의 강조점을 자연스럽게 표현할 수 있다. 그래서 캘리그라피는 단순히 글씨를 예쁘게 쓰는 것을 넘어 내면의 감정을 전달하는 중요한 매개체가 된다.

그렇다면, '캘리그라피가 기독교 문화에 끼친 영향은 무엇일까?'

초기에는 주로 브랜드 로고나 광고 문구에 사용되던 캘리그라피가 점차 교회 행사 배너, 서적 표지, 기독교 용품 등에서도 사용되기 시작하면서 '말씀캘리그라피'라는 개념이 등장했다. 그리고 이것은 점차 '말씀을 묵상하는 글씨'로 보편화되었고, 기독교인들에게 감동을 전하는 중요한 예술적 표현 방식이 되었다.

성경을 필사하며 자연스럽게 캘리그라피에 익숙해진 기독교인들은 이 아름다운 손글씨를 통해 하나님의 말씀을 깊이 묵상하고 그 안에 담긴 은혜를 누리게 되었다. 캘리그라피가 예술적으로 발전하면서 일부 작가들은 글씨의 독창성과 감성적 표현을 강조하기도 했다.

하지만 나는 말씀을 쓸 때는 가독성에 중점을 두어야 한다고 생각한다. 하나님의 말씀이 보였을 때, 그 글씨가 읽기 편해야 하고 보는 이로 하여금 말씀의 의미와 하나님의 마음을 잘 느낄 수 있어야 하기 때문이다. 그렇게 할 때, 글씨는 나의 감정이 드러나는 수단이 아니라, 하나님의 뜻이 전해지는 통로가 된다. 그래서 나는 '말씀캘리그라피'라는 용어보다는 '말씀그라피'라는 용어가 더 적합하다고 느꼈다.

'말씀그라피'는 하나님의 말씀을 담아 쓴 글씨라는 의미를 내포하고 있으며, 이는 곧 하나님께서 주신 말씀의 은혜를 감성적인 글씨로 전하는 과정이 되는 것이다.

이와 관련해, 유튜브 채널 '청현재이TV'를 통해 말씀그라피 영상을 공유함으로 그 감동을 많은 이들과 나누고 있다. 댓글에는 영상을 보고 큰 은혜를 받았다는 고백들이 이어졌고, 그 반응들을 보며 하나님께서 이 사역을 통해 많은 이들의 마음에 감동과 은혜를 전하고 계심을 깊이 깨닫게 되었다.

하나님의 말씀을 글씨로 표현할 때, 그 말씀이 단지 글자가 아니라 하나님의 영으로 쓰여져 사람들의 마음 깊은 곳을 울리는 통로가 된다는 사실을 실감하게 되었다.

너희는 우리로 말미암아
나타난
그리스도의 편지니

이는 먹으로 쓴 것이 아니요
오직 살아계신
하나님의 영으로 쓴 것이며
또 돌판에 쓴 것이 아니요
오직
육의 마음판에 쓴 것이라

고린도후서 3:3

6부
제자와 사역 공동체

·

함께 걷는 순종의 여정

혼자서는 결코 갈 수 없는 길이 있습니다. 하나님은 항상 동역자를 붙여 주시고, 순종의 길 위에 '함께함'이라는 선물을 놓아두십니다. 이 장은 말씀선교사들과의 만남, 그들과 함께 이뤄온 교육, 훈련 그리고 사역 현장에서 느끼는 공동체의 은혜로운 여정을 담았습니다.

22
자격증이 발급되나요?

 '청현재이 말씀그라피 선교회'에서 운영하는 캘리그라피 교육에는 자격증 제도가 없다. 가끔 선교회로 전화나 메일을 통해 "이 과정을 수료하면 자격증이 발급되나요?"라는 질문을 자주 받는다. 그럴 때마다 나는 이렇게 답한다.
 "자격증을 원하신다면 자격증 발급이 가능한 곳에서 배우시

는 것이 좋을 것 같습니다."

그 이유는 단순하다. 나는 캘리그라피를 POP 서체처럼 기술 중심의 자격증 분야로 보기보다 예술의 영역, 더 나아가 사명의 영역으로 보기 때문이다.

선교회에서는 단순히 글씨를 잘 쓰는 법을 가르치려는 것이 아니다. 우리가 말씀을 어떻게 묵상하고, 그 묵상이 어떻게 글씨로 표현되어야 하는지를 함께 배우는 시간들이 바로 선교회 교육의 핵심이다.

그래서 우리는 자격증을 발급하지 않는다. 그것은 내 개인적인 고집이기도 하고 캘리그라피에 대한 깊은 애정과 신앙적 확신이기도 하다.

대신 우리는 말씀과 캘리그라피를 접목시켜 복음을 전하는 선교의 도구로 사용하는 데 집중한다. 그 결과, 말씀선교사 양성과정을 수료한 분들은 '말씀선교사'로 임명을 받는다. 이들은 단순히 글씨를 배우는 사람이 아니라, 하나님의 말씀을 묵상하고 그 말씀을 감성적으로 전하는 사역자가 된다.

이런 교육 방식은 세상의 일반적인 교육과는 분명히 다르다.

우리는 기능이나 자격을 가르치는 것이 아니라 '하나님의 영광을 위해 말씀을 쓰는 사람을 세우는 것'이 이 교육의 목적이며 본질이다.

한 마디로 '청현재이 말씀그라피 선교회'의 교육은 자격증을 위한 배움이 아닌, 부르심을 위한 훈련이다. 그리고 이 훈련을 통해 하나님의 뜻에 합당한 가르침이 흘러가기를 소망한다.

너는 진리의 말씀을
옳게 분별하며
부끄러울것이 없는
일꾼으로 인정된
자로 자신을 하나님
앞에
드리기를 힘쓰라

디모데후서 2:15

23
준비된
말씀선교사

 청현재이 말씀그라피 선교회는 교회의 규모와 상관없이 성도 한 사람 한 사람을 향한 사랑의 마음으로 '가훈 말씀'을 써 드리는 나눔 사역을 꾸준히 이어오고 있다. 많은 교회들이 행사 기획 단계에서부터 우리 선교회에 사역 신청을 해오곤 한다. 그런데 가끔 대형교회에서 신청이 들어올 때면 이런 생각이 스치기도 한다.

"교회 안에도 캘리그라피를 배운 성도들이 많을 텐데… 그분들과 함께하면 되지 않을까?"

그래서 어느 날, 한 대형교회의 목사님께 조심스럽게 여쭤보았다. "목사님, 교회 안에도 캘리그라피를 배운 작가분들이 많을 텐데, 굳이 우리 선교회에 사역을 요청해 주신 이유가 있을까요?" 그때 목사님께서 해주신 말씀은 내 예상과는 전혀 달랐고, 깊은 감동과 깨달음을 안겨주었다.

"성도들이 각자 캘리그라피를 배우는 목적은 다양하겠지요. 하지만 '청현재이 말씀그라피 선교회'는 처음부터 하나님께 쓰임 받기 위해 캘리그라피를 배우고, 현장에서 사역을 감당하는 준비된 공동체라고 생각합니다. 그래서 이 귀한 사역은 당연히 '청현재이'에 요청하게 되는 겁니다."

그 말씀을 듣는 순간, 그동안 우리 선교회가 걸어온 시간들이 떠올랐다. 눈에 보이지 않는 헌신과 묵묵히 감당했던 순종의 시간들. 힘든 여건 속에서도 오직 하나님의 뜻 하나만 바라보며 걸어온 그 길. 그 길이 결코 헛되지 않았음을, 그 목사님의 답변을 통해 하나님께서 확인시켜 주신 것 같아 가슴이 뭉클했다.

우리는 단지 '글씨를 잘 쓰는 공동체'가 아니다. 청현재이 말씀그라피 선교회는 하나님의 말씀을 감성적으로 전하기 위해 부르심을 받은 '준비된 말씀 공동체'다.

기술을 넘어서 하나님 앞에 마음을 드리는 사람들,
현장에서 말씀을 나누기 위해 기도하는 사람들,
한 구절 말씀 속에 성도들의 눈물과 회복을 담아내는 사람들.

그것이 바로 '청현재이 말씀그라피 선교회'가 존재하는 이유이며, 우리가 감당해야 할 거룩한 사명인 것이다.

> 우리는 그가 만드신 바라
> 그리스도 예수
> 안에서 선한 일을 위하여
> 지으심을 받은 자니
> 이 일은 하나님이 전에
> 예비하사
> 우리로 그 가운데서 행하게
> 하려 하심이니라
> 에베소서 2:10

24
하나님께서 부르시는 곳이라면….

"우리는 하나님께서 부르시는 곳이라면, 무조건 순종하며 달려가는 청현재이 말씀선교사 입니다!"

이 구호는 '청현재이 말씀그라피 선교회'의 말씀선교사들이 외치는 사명의 고백이다. 사역을 마치고, 수고한 모든 말씀선교사들이 한자리에 모여 이 구호를 함께 외칠 때면, 그 외침 속에

서로의 마음속에 새롭게 다짐되는 각오와 감격이 느껴진다. 말씀그라피 나눔 사역은 대부분 주일예배가 이루어지는 날에 진행된다. 많은 성도들이 하나님 앞에 모이는 시간인 만큼 말씀을 나누기에 가장 적절한 날이기 때문이다.

그러나 주일은 말씀선교사들에게도 자신의 교회에서 예배드려야 하는 거룩한 시간이다. 그런 주일에 타 교회로 가서 사역을 감당한다는 것은 결코 가볍지 않은 결단이다. 그럼에도 말씀선교사들은 자신이 하나님께서 지명하여 부르신 사역자임을 기억하며, 책임감과 자긍심으로 사역지로 향한다. 사역이 예정된 교회로 출발하기 전, 선교사들은 자신이 섬기는 교회에서 더 이른 시간에 예배를 드린다. 그리고 그날 받은 말씀의 감동을 마음에 품고, 말씀그라피의 은혜를 나누기 위해 사역 현장으로 발걸음을 옮긴다.

그 걸음은 단순한 이동이 아니다. 그것은 순종의 행위이며, 하나님께 드리는 또 하나의 영적 예배이다.

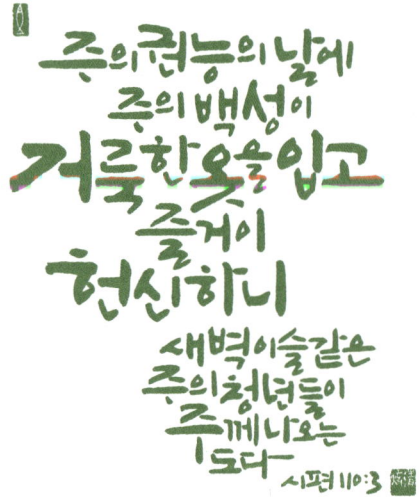

25
부산으로 향하는 하나님의 철저한 계획

'청현재이 말씀그라피 선교회'의 사역은 주로 서울과 경기 지역을 중심으로 이루어진다. 때때로 지방에서 사역 요청이 들어오면, 말씀선교사들의 주거지가 대부분 수도권인 탓에 감당하지 못하고 아쉽게 거절해야 하는 상황이 생기곤 했다. 그런 경험이 누적되며, 대전·부산·광주 등 주요 지역에 지방 선교팀의 필요성이 강하게 다가오기 시작했다.

그러던 와중에 말씀그라피 복음화에 큰 관심을 갖고 있던 어느 목사님과의 만남으로 대전 지역 교회에서 2년 동안 말씀그라피 교육을 진행하게 되었다. 지방 선교팀을 양성하는 첫 시도였기에 기대감이 컸지만, 아쉽게도 대전선교팀을 끝내 조성하지 못한 채 마무리되었고 그 아쉬움은 마음속에 오래 남게 되었다.

그렇게 지방 사역팀에 대한 간절함이 점점 식어가던 어느 날, 포항극동방송 본부장의 전화를 받게 되었다. 과거 포항극동방송에서 진행했던 말씀그라피 나눔 행사에서 본부장이 받은 캘리그라피 작품을 자신이 섬기는 교회의 담임목사님께 선물했는데, 그 목사님께서 나와 식사를 원하신다는 내용이었다.

장소는 서울이 아닌 부산. 순간, '굳이 내가 부산까지 내려가야 하나?'라는 생각이 스치듯 들었지만, 이 또한 하나님의 이끄심이라는 마음이 들어 만남을 수락하게 되었다.

그분은 다름 아닌, 현재 '총신대학교' 총장으로 계신 '부전교회'의 '박성규 목사님'이셨다. 목양실에서 따뜻한 식사를 함께 하며 '청현재이 말씀그라피' 사역을 소개해 드리자 목사님은 깊은 관심을 보이셨고, 이후에 부울경(부산, 울산, 경남) 지역의 말씀그라피 복음화를 감당할 '부산선교팀'이 조성되는데 결정적인 역할을 해 주셨다.

만남 이후, 실제로 부전교회에서 말씀그라피 전시와 나눔이 이뤄졌고, 그 계기로 인해 '부산성시화운동본부'의 협조 하에 '수영로교회', '호산나교회' 등 부산 지역의 교회에서 청현재 이 말씀그라피 순회 전시와 말씀그라피 나눔 사역도 진행하게 되었다.

부산에서의 말씀그라피 교육은 부전교회에서 2022, 2023년까지 총 두 해 동안 진행되었고, 2024년에 부산선교팀이 공식적으로 발족되기에 이르렀다. 부산선교팀은 결성된 이후 부산극동방송 등 기독교 단체들과 협력하여 활발한 전시, 나눔, 그리고 부활절 말씀깃발 퍼레이드까지 말씀그라피 복음의 씨앗을 은혜롭게 뿌리고 있는 중이다.

돌이켜 보면, 대전에서의 실패와 좌절조차도 하나님께서 부산 사역을 준비하게 하신 철저한 계획의 일부였음을 고백하지 않을 수 없다. 낙심의 끝자락에서 다시 불 붙여 주신 하나님의 열정, 그 분의 완벽한 인도하심을 찬양한다. 할렐루야.

사람이 마음으로
자기의
길을 계획할지라도
그의 걸음을 인도하시는
이는
여호와시니라
잠언 16:9

26
아파도 말씀을 쓰고 싶습니다

"선생님… 어깨 통증으로 말씀을 쓰고 싶어도 쓸 수가 없어요. 그렇지만 기도로 꼭 이겨내서 하나님께서 기쁘게 쓰실 수 있도록 하겠습니다."

말씀선교사 한 분이 보내온 문자를 읽고, 한참 동안 마음이 먹먹해졌다. 오른쪽 어깨의 인대가 찢어져 통증이 심해서 말씀을 쓰고 싶어도 손을 들 수조차 없는 상황이라는 것이다.

요즘 들어 말씀선교사들의 건강에 관련된 사연을 자주 듣게 되는데, 건강이 좋지 않아 말씀그라피 사역 현장에 나서지 못하는 말씀선교사들이 점점 늘어나고 있다.

선교회도, 말씀선교사들도 시간의 흐름 속에 함께 나이를 먹어 간다. 그런 당연한 이치 앞에서 귀한 사역을 멈출 수밖에 없는 말씀선교사들의 상황이 참으로 안타깝기만 하다. 그럼에도 불구하고, 자신에게 주신 재능을 끝까지 하나님께 드리고자 하는 선교사들의 마음은 너무도 귀하고 간절하다. 이러한 고백이 기도가 되고, 이 간절함이 다시 손끝에 힘이 되어 잠시 사역을 멈춘 자들이 말씀을 다시 쓸 수 있는 날이 속히 오기를 기도할 뿐이다.

하나님, 말씀을 쓰고 싶어도 쓰지 못하는 이들의 아픔을 그 누구보다 잘 아시는 주님, 그 손과 어깨를 어루만져 주시고, 다시금 붓을 들 수 있는 힘과 은혜를 허락해 주소서.

> 내 육체와 마음은 쇠약하나 하나님은 내 마음의 반석이시요 영원한 분깃이시라
>
> 시편 73:26

27
말씀그라피가 이런 반응인 줄 몰랐어요

교회에서 성도가 원하는 말씀을 써 드리는 행사인 말씀그라피 나눔 사역을 하게 되면, 담임목사님들의 반응은 늘 예상 밖이다.

"이렇게 성도들이 뜨겁게 반응할 줄 몰랐어요."
"붓으로 쓰여지는 말씀이 살아 있는 것 같아 감동입니다."

라는 고백들을 자주 듣는다. 왜 이런 반응이 나오는 걸까?

아마 처음에는 많은 이들이 캘리그라피를 단순히 세상적인 예술 글씨 정도로 생각하기 때문일 것이다. 물론 캘리그라피처럼 예쁘고 독특한 표현은 가능하겠지만, 하나님의 음성인 성경 말씀이 말씀선교사들의 손을 통해 영적인 글씨로 쓰여져, 말씀의 깊은 은혜를 경험하게 될 것이라고는 미처 예상하지 못한다. 실제로 현장에서 말씀그라피를 접하는 순간, 성도들의 반응이 180도 달라지며, 생각하지 못한 은혜의 장면들이 교회 안에서 펼쳐지기 시작한다.

가장 먼저 놀라는 건 성도들의 반응이다. 그동안 마음속에 간직해 왔던 말씀들을 말씀그라피로 받고자 줄을 서 있는 모습, 그 말씀을 소중히 받아 가슴에 품는 모습을 보면, 목사님들도 놀라움과 함께 깊은 감동을 받는다. 말씀에 더 가까이 가고자 하는 성도들의 그 단순하고도 순수한 열망은 교회 안에 은혜의 물결을 일으키기에 충분하다.

또 다른 놀라운 점은, 말씀이 글씨를 통해 살아 움직인다는 체험이다. 성도들은 말씀 한 자 한 자를 써 내려갈 때마다, 그 글씨가 마치 주님께서 자신에게 친히 써 주시는 듯한 은혜로 다가온다고 고백한다. 눈으로 읽던 말씀이 붓으로 쓰여지는 순간, 마음 깊숙이 새겨지는 말씀으로 변하게 되는 것이다.

　이런 경험을 통해, 많은 사람들이 갖고 있던 말씀그라피에 대한 편견이 사라짐과 동시에 '청현재이 말씀그라피 선교회'가 추구해 온 말씀의 생활화에 대한 이해도 자연스럽게 넓어지게 된다. 이는 말씀을 쓸 때 얼마나 신중하게 써야 하는지, 얼마나 깊이 묵상하며 써야 하는지 그 중요성을 현장에서 절실히 느끼게 해 준다.

　우리는 단순히 멋진 글씨를 쓰는 것이 아니라, 하나님의 마음을 전하는 글씨를 쓰고 있다. 그 글씨 안에 담겨 있는 깊은 묵상과 그 안에 깃든 말씀의 감동이 앞으로도 성도들에게 잘 전해지기를 소망한다.

하나님의 말씀은
살아있고
활력이 있어
좌우에 날선
어떤 검보다도 예리하여
혼과 영과 및
관절과 골수를 찔러
쪼개기
까지 하며 또 마음의
생각과 뜻을
판단하나니

히브리서 4:12

28
1년을 기다린 간절한 기도 응답

 2017년, '청현재이 말씀그라피 선교회'는 '오륜교회'의 요청으로 '다니엘기도회'에서 말씀그라피 나눔 사역을 맡게 되었었다. 첫날, 교회 로비에 들어서자마자 눈에 띈 건 오륜교회에서 준비한 '청현재이 캘리그라피 문화선교회와 함께하는 다니엘기도회'라고 적힌 큼직한 현수막이었다. 그 문구를 보는 순간, '다니엘

기도회'가 얼마나 기도로 준비된 자리인지, 이 교회가 우리 선교회를 얼마나 기쁜 마음으로 초청했는지를 가슴 깊이 느낄 수 있었다. 그 따뜻한 환대와 함께, 말씀을 나누는 자리는 은혜의 현장이 되었다.

이듬해인 2018년에도 다시 초청을 받아 같은 자리에서 말씀 그라피 나눔 사역을 이어가게 되었다. 그때도 성도들은 줄을 서서 원하는 말씀을 받기 위해 기다렸고, 말씀선교사들은 정성껏 성도들이 준비한 말씀을 한 사람 한 사람의 영혼을 위해 기도하며 써서 전하고 있었다.

그때, 줄에 서 있던 한 남자 청년이 조용히 눈물을 훔치고 있는 모습을 보게 되었다. 걱정이 되어 조심스럽게 물었다.

"무슨 일 있으세요?" 그 청년은 눈물을 훔치며 이렇게 대답했다.

"1년을 기다렸어요. 하나님께서 제게 주시는 말씀을 드디어 받을 수 있게 되어서… 감동이 밀려와서 눈물이 나요."

그 말을 듣는 순간, 나와 선교회 단장은 우리가 하는 이 사역이 얼마나 귀한 일인지, 얼마나 하나님께서 기뻐하시는 일인지를 가슴 깊이 깨닫게 되었다. 하나님께서 왜 우리를 이 자리에 부르셨는지, 그 이유가 있었음을 분명히 느낄 수 있었고, 그 시간은 감사와 은혜의 시간이 되었다.

   그리고 그날, 나는 다시 한번 확신하게 되었다. 우리가 쓰는 말씀 한 구절이, 누군가에겐 1년을 기다린 간절한 기도 응답일 수 있다는 사실을.

나 곧 내 영혼은
여호와를
기다리며
나는
주의 말씀을
바라는
도다 시편 130:5

7부

위로와 회복의 말씀그라피

•

고통 가운데 스며든 말씀

누군가는 고통의 시간 앞에서 기도를 멈추고, 누군가는 눈물 속에서도 말씀을 씁니다. 말씀이 먹물보다 먼저 마음에 번지며 깊은 상처 위에 내려앉을 때, 그곳에서 우리는 비로소 하나님의 손길을 느낍니다. 삶의 균열 사이로 흘러든 말씀 한 줄이 절망의 어두운 골짜기 속에서도 희망의 빛줄기가 되듯, 하나님은 여전히 말씀으로 치유하시는 분이십니다.

이 장은 육체의 질병, 영혼의 고통, 죽음을 앞둔 이들에게 말씀그라피가 어떻게 하나님의 위로와 회복의 통로가 되었는지를 담았습니다. 연약한 손으로 쓴 한 줄의 말씀이 어떻게 가장 강한 치유의 언어가 되었는지, 그 은혜의 장면들을 함께 나눕니다.

29
말씀이 나를 살리고 어루만지다

주기철 목사님의 어록 작품을 준비하던 시기였다. 여러 차례 대상포진으로 고통스러운 시간을 지나고 있었고, 몸도 마음도 이미 지쳐 있던 상태였다. 하지만 정해진 일정 안에 작품을 완성해야 했기에 나는 새벽녘 겨우 몸을 일으켜 어록을 쓰기 위해 붓을 들었다.

그러나 그 순간 미세하게 시작된 찌릿한 통증이 점차 강해지며 결국 붓을 제대로 들 수 없는 지경에 이르렀고, 나는 붓을 내려놓을 수밖에 없었다. 그렇게 말로 표현할 수 없는 고통의 파도가 지나가던 그 무렵, 내 마음 깊은 곳에 한 말씀이 또렷하게 울려왔다.

"내가 너를 고치리라."

수많은 말씀들 중에 왜 하필 이 말씀이 들려왔을까.
나는 곧 알 수 있었다. 홀로 고통 속에 있다고 느꼈던 내 곁에 그 아픔을 함께 견디고 계신 주님이 계셨음을. 나는 떨리는 손으로 다시 붓을 들었다. 먹을 묻혀 화선지 위에 그 말씀을 조심스럽게 써 내려가기 시작했다. 붓끝에서 번져 나오는 먹물은 마치 내 안 깊은 곳에서 흘러나오는 눈물 같았다. 울고 싶어도 울 수 없었던 긴 시간들을 지나, 그날 나는 말씀 한 줄 앞에서 끝내 참았던 울음을 터뜨렸다.

나의 고통조차 외면하지 않으시고, 그 속에 함께 계시며 "내가 너를 고치리라" 말씀하시는 하나님의 깊은 사랑 앞에 나는 무너졌고, 동시에 치유받기 시작했다. 그때 나는 비로소 깨달았다. 말씀을 쓰는 일이 곧 나를 살리는 길이었다는 것을.

　말씀그라피는 누군가에게 은혜를 전하기 위한 도구이기 전에 먼저 나의 심령에 새겨야 할, 살아 있는 하나님의 위로였다.

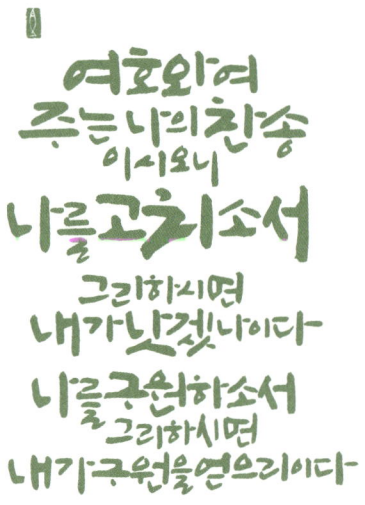

30
말씀그라피 치유

'청현재이 말씀그라피 선교회'는 붓으로 오직 하나님의 말씀만을 쓰며, 그 말씀을 통해 하나님의 마음을 감성적으로 전달하는 선교회이다. 약 15년 동안 교회 성도들을 대상으로 말씀그라피 나눔 사역을 진행하고 있는데, 가끔씩 성도들로부터 특별한 요청을 받을 때가 있다.

그중 하나는 암 투병 중인 성도들을 위한 말씀을 써 달라는 요청이다. 암 환자들을 위해 부탁받은 말씀을 쓰면서, 나는 그 성도들의 건강과 회복을 위해 진심으로 기도하고, 하나님께서 그들에게 주실 위로와 평강을 믿고 말씀을 써 내려간다.

최근에도, 주일 말씀그라피 나눔 사역을 진행했던 마포 '성현교회' 목사님으로부터 암 투병 중인 교우를 위해 말씀을 써 달라는 요청을 받았다. 목사님은 생애의 마지막을 준비하는 교우에게 힘과 위로를 전할 수 있는 방법으로 말씀그라피가 좋겠다고 생각하셔서 살 날이 3개월밖에 남지 않은 그분을 위해 하나님의 말씀을 담은 말씀그라피를 써 달라고 부탁하신 것이다. 나는 기꺼이 수락하고, 목사님께서 전달해 주신 성경 말씀을 기도하며 성령의 은혜로 써서 정성스럽게 액자에 담아 보내드렸다.

그 말씀그라피를 보내드리고 며칠이 지난 후에, 목사님으로부터 반가운 소식을 듣게 되었다. 한동안 의식이 없던 그 교우가 다시 의식을 되찾은 뒤, 말씀그라피 액자를 받아 보고 너무 힘이 되었다는 감사의 인사를 전해 온 것이었다. 그 교우와 가족들은 고통 속에서 죽음의 순간을 기다리던 중, 말씀그라피가 하나님께서 주시는 위로와 평강의 통로 역할을 해 준 것에 감사함을 느끼고 있다는 그 마음을 전해 준 것이다.

그 소식을 들은 나는 다시 한 번, 말씀그라피가 얼마나 중요한 역할을 하고 있는지 새삼 느끼게 되었다.

말씀그라피는 단순히 미적인 요소나 예술적인 작업이 아니라, 하나님께서 주시는 치유와 위로의 도구로서의 역할을 하고 있는 것이다.

'청현재이 말씀그라피 선교회'는 하나님의 뜻을 따라 이 치유사역을 계속해서 이어가고자 한다. 앞으로도 말씀그라피가 하나님의 사랑과 위로를 전달하는 중요한 역할을 해야 하기 때문이다.

그가
그의 말씀을 보내어
그들을
고치시고
위험한 지경에서
건지시는도다
시편 107:20

31
그날의 말씀, 생명이 되다

10년 전, 극동방송 임직원들을 대상으로 말씀을 써 드리는 기회가 있었다. 장소는 방송국 지하 1층에 위치한 카페 '조스 테이블' 앞 갤러리였다. 많은 이들이 말씀을 기다리며 줄을 서 있었고, 그중 한 분이 암 투병 중인 후배를 위해 말씀을 써 달라고 요청하셨다.

그때 써 드렸던 말씀은 "내가 죽지 않고 살아서 여호와께서 하시는 일을 선포하리로다"(시편 118:17)였다. 나는 그 후배가 다시 회복되기를, 그 말씀대로 살아나기를 간절히 기도하며 진심을 담아 그 말씀을 써 드렸다.

시간이 흐르며 그 기억은 내 마음속에서 서서히 희미해졌지만, 코로나가 끝나갈 무렵 극동방송을 다시 방문하게 되면서 예상치 못한 은혜의 재회를 경험하게 되었다. 그 자리에는 예전부터 알고 지내던 분들이 계셨는데, 그중 한 분이 바로 당시 후배를 위해 말씀을 요청했던 극동방송 박광현 부사장님이셨고, 또 다른 한 분은 그때 암 투병 중이었던 후배이자 지금은 극동방송 장대진 편성국장님이셨다.

두 분과의 대화 중, 자연스레 그날의 이야기가 회자되었다. 장 국장님은 그 시편 말씀을 받았던 순간을 떠올리며 말했다.

"그때 그 말씀을 받자마자, 하나님께서 꼭 저를 살려주실 거라는 믿음이 생겼어요."

병실에서도, 퇴원 후 지방 발령지에서도, 출장지에서도 그 말씀액자를 늘 옆에 두고 지냈다고 했다. 그 말씀은 암투병중인 장 국장님에게는 단순히 말씀 한 구절이 아니었다. 살아 있는 생명의 증거이자 하나님의 약속이었다. 나는 그 이야기를 듣는 순간, 마음 깊은 곳에서 울림이 밀려왔다.

"하나님의 말씀이 사람을 살리는구나."

말씀그라피는 단지 글씨가 아니었다. 그 말씀을 옮겨 적는 손끝에서 하나님의 생명과 사랑이 전해지고 있었음을 다시금 느낄 수 있었다. 만약 그때 선배인 박광현 부사장님의 간절한 사랑이 없었다면, 장대진 국장님은 절망 속에 병마와 홀로 싸우고 있었을지도 모른다. 그러나 한 사람의 간절함과, 말씀 한 줄의 능력이 한 생명을 다시 일으켜 세웠다.

이 고백을 통해 나는 다시 확신하게 된다. 하나님의 말씀은 살아 있고, 그 말씀은 실제로 생명을 살린다는 것을.

내가 죽지 않고
살아서
여호와께서
하시는 일을
선포하리로다

시편 118:17

32
주님의 품으로 인도하는 호스피스 사역

큰 수술을 앞두거나 삶의 마지막을 준비하고 있는 환우들을 위한 말씀그라피 사역을 이어오며, 나는 한 가지 분명한 사실을 깊이 깨달았다. 그 어떤 위로의 말보다, 그 어떤 힘이 되는 말보다 그들에게 가장 필요한 것은 하나님의 말씀이라는 것이다.

말씀은 주님의 손길이 되어 환우의 마음을 감싸고, 주님의 품이 되어 깊은 위로를 전한다. 이러한 치유의 역사가 더 많은 사람에게 전해지기를 바라는 마음으로 기도하던 중, '버금아트미션'의 강내우 대표와 아내분이 선교회 본부를 찾아오셨다. 성악가 출신 기독교인들이 모여 찬양으로 하나님께 영광 돌리는 목요일 채플 시간에, 나에게 간증을 요청하기 위해서였다.

함께 사역 이야기를 나누던 중, '버금아트미션'이 매주 금요일마다 방문해 찬양으로 위로하고 있는 '샘물호스피스병원' 찬양 사역 이야기에 깊은 관심을 갖게 되었다. 죽음을 앞둔 환우들에게 찬양으로 위로를 전하는 그들의 섬김이 참으로 아름답고 은혜롭게 느껴진 것이다.

그들의 사역 이야기를 들으며 내 마음 한편에는, "우리의 말씀그라피도 손으로 드리는 찬양이 되어 환우들에게 위로가 될 수 있지 않을까"라는 생각이 그날 이후부터 더욱 자리 잡게 되었다. 지금까지의 경험을 떠올릴수록 그 마음은 더욱 또렷해졌고, 어느새 기도가 되어 하나님께 올려지고 있었다.

그로부터 며칠 뒤, 오랜 사역의 동역자인 '기아대책'으로부터 연락이 왔다. 그리고 얼마 지나지 않아 '유산 프로젝트'를 진행 중인 팀이 선교회를 방문했고, 놀랍게도 그 자리에서 '샘물호스피스병원' 사역에 대한 구체적인 제안이 전해졌다.

사실 하나님께서는 이미 그 며칠 전부터 내 마음에 호스피스 사역에 대한 부담을 주고 계셨는데, 그런 상황 속에서 기아대책을 통해 이 길을 열어 주신 것은 분명 하나님의 응답이자 인도하심이었다. 그 순간, 지금까지 청현재이 사역의 걸음을 친히 이끄신 하나님께서 이 새로운 길 역시 친히 열어 가고 계심을 다시금 깊이 고백하게 되었다.

그 은혜를 선교회 소속 '부산선교팀'에도 전했다. 병원 사역과 호스피스 사역은 하나님의 말씀을 성령의 은혜로 써서 병든 자들을 위로하는 청현재이 선교회의 중요한 사역임을 함께 공유했다. 얼마 지나지 않아, 부산 '세계로병원'과의 말씀그라피 나눔 사역이 결정되었다는 반가운 소식이 전해졌다.

'기아대책'과는 '말씀이 유산이다'라는 공동 비전을 품고, '샘물호스피스병원'을 비롯한 기독교 요양병원에서 환우와 가족들에게 하나님의 말씀으로 위로를 전하는 말씀그라피 나눔 사역을 함께하기 위한 '업무협약(MOU)'도 체결하게 되었다. 이토록 하나님은 말씀으로 역사하시며, 선교회를 필요한 곳에 보내시어 하나님의 마음을 전하게 하신다. 그 부르심 앞에 선교회는 무조건 순종하며 나아갈 따름이다.

앞으로 말씀선교사들의 간절한 기도와 마음으로 쓰여져 병실 한편에 은혜롭게 놓이게 될 말씀그라피 한 장이 고통의 밤을 지나고 있는 이들의 마음에 하늘의 위로처럼 스며들 것이다. 그 어떤 말보다, 그 어떤 마음보다 말씀그라피로 건네는 주님의 품은 더욱 따뜻하고 진실되기 때문이다.

　죽음을 앞둔 이들의 마지막 여정에 하나님의 말씀이 함께하길 기도한다. 그 말씀이 영혼을 품고 마음을 싸매며, 이 땅에서의 삶을 주님의 품으로 인도하는 거룩한 통로가 되기를 소망한다.

내가 사망의 음침한
골짜기로
다닐지라도
해를 두려워하지
않을것은
주께서 나와
함께하심이라

시편 23:4

8부

예수 부활을 알리는 거룩한 발걸음

고통 가운데 스며든 말씀

부활의 소망은 교회 안에 머물지 않고 거리로 흘러야 합니다. 하나님은 우리에게 진리를 위한 깃발을 주셨고, 우리는 그 깃발을 들고 세상 한가운데로 나섰습니다. 말씀깃발은 단순한 깃발이 아닌, 부활하신 예수님을 선포하는 고백이었습니다.

이 장에서는 신학대에서 시작된 말씀깃발전을 통해 기독교인 모두가 하나 되어 교회로, 거리로 이어지는 은혜 속에서 경험한 연합, 순종, 회복의 간증들을 함께 나눕니다.

33
말씀깃발로 하나가 되다

매년 부활절이 다가오면 선교회는 분주해진다. 예수님의 부활의 기쁨을 국민들과 나누기 위한 '부활절 말씀깃발전'을 준비하는 시기이기 때문이다. 해마다 반복되는 준비 과정이지만, 그 안에 담긴 마음만큼은 결코 습관이 아니다. 매번 새로운 간절함과 사명으로 우리는 깃발을 준비한다.

'부활절 말씀깃발전'은 처음엔 교단과 교파를 초월하여 신학대학교 교정에서 시작되었지만, 지금은 전국의 교회들이 자발적으로 참여하는 범기독교적 행사로 확장되었다.

사순절이 시작되기 전, 선교회의 말씀선교사들이 정성을 다해 부활의 말씀을 써서 깃발 이미지 데이터를 선교회 홈페이지에 게시하면, 각 교회는 이를 자유롭게 다운로드하여 부활절을 기념하는 말씀 이미지로 사용하며 함께 부활의 기쁨을 나누게 된다.

2025년, 이 사역은 어느덧 14회를 맞이했다. 그 시작은 10년 전, 2014년 총신대학교 교정에서였다. 당시 교정의 가로등마다 예수님의 부활 말씀을 스토리로 연결해 깃발을 걸었고, 학생들과 방문객들은 그 길을 따라 말씀 한 구절 한 구절을 읽으며 부활의 메시지를 깊이 묵상했다.

"예수님의 부활 말씀이 스토리처럼 연결되어 있어서 묵상하는 데 큰 도움이 되었어요. 은혜였습니다."

학생들의 이 고백은 말씀깃발전이 단순한 전시가 아니라 '말씀을 따라 걷는 묵상의 여정'임을 확인시켜주는 하나님의 사인이었다. 그때 하나님은 내 마음 깊은 곳에 이렇게 말씀하셨다.

"이 사역을 다른 신학대학교와도 함께하라."

행사가 끝나자마자 하나님은 더 넓은 비전을 내게 보여주셨지만, 다른 신학교와 연결될 방법은 당장 눈에 보이지 않았다. 그럼에도 내 마음엔 확신이 있었다. 하나님께서 이끄신다면 반드시 길이 열릴 것이라는 믿음.

그래서 나는 총신대학교 축제에서 진행할 캘리그라피 특강을 준비하며, "다른 신학교 학생들도 이 자리에 오게 해달라"고 기도했다. 확신은 없었지만, 믿음으로 준비한 그 자리에서 나는 장신대학교 총학생회 부회장을 만나게 되었다. 그 만남은 하나님의 명확한 응답이었다.

이후 감신대학교와의 연결은 말씀그라피 사역을 잘 알고 계시던 감리교 목사님의 중보와 소개로 이루어졌다.

"이 은혜로운 사역에 감신대도 꼭 참여해야 합니다."

그 말씀과 함께 또 하나의 길이 열렸다. 그렇게 2회, 3회 말씀깃발전은 감신대, 서울신대, 성결대, 아신대, 연세대 연신원, 장신대, 총신대, 한국성서대, 한세대, 협성대 등 총 10개 신학교가 함께한 부활절 연합 사역으로 확장되었다. 교단과 교파를 넘어,

말씀 앞에서 하나 된 은혜의 시간이었다.

지금은 이렇게 담담히 기록하지만, 그 당시의 과정은 결코 쉽지 않았다. 각 학교 총학생회 임원들과 연결되기까지 수없이 전화를 걸어야 했고, 거절도 감당해야 했다.

어느 신학교는 참여 철회 의사를 전하기도 했다. 그 소식을 듣자마자 나는 큰 붓과 먹물, 전지 크기의 화선지를 들고 직접 학교를 찾아갔다. 임원들 앞에서 나는 '합력'이라는 두 글자를 온 마음을 담아 써 내려가며 참여를 독려했다.

그 '합력'이라는 글씨는 단순히 설득을 위한 단어가 아니라, 하나님 나라를 향한 간절한 외침이었다. 그렇게 한 줄 한 줄 '합력'을 간구하며 써 내려간 말씀깃발은 단순한 천 조각이 아니었다.

그 깃발은 성령의 감동으로 쓰인 살아있는 그리스도의 편지였다.

복음은 깃발을 타고 바람에 휘날리며 하늘을 향한 살아 있는 고백이 되었고, 예수 부활의 깃발 아래에서 우리는 각자의 교단 이름이 아닌, 오직 '예수님의 이름'으로 하나가 되었다.

평안의 매는 줄로 성령이 하나되게 하신 것을 힘써 지키라

몸이 하나요 성령도 한 분이시니

이와 같이 너희가 부르심의 한 소망 안에서 부르심을 받았느니라

에베소서 4:3-4

34
양화진 일대에 말씀깃발을 휘날리다

 매년 10월, 한글날이 되면 홍대 거리에는 형형색색의 캘리그라피 깃발들이 바람에 펄럭인다. 그 깃발들을 바라보던 어느 날, 문득 마음에 이런 생각이 떠올랐다.
 "저 가로등마다 예수님의 부활 말씀이 걸려 있다면, 지나가는 모든 사람들도 그 부활의 기쁨을 함께 누리게 되지 않을까?"

그 작은 마음 하나로 기도하기 시작했다.

그러던 중, 하나님께서는 외국인 선교사님들이 묻히신 양화진 거리를 보여 주시고, 그 거리에 부활절 말씀깃발전을 열라는 마음을 주셨다. 양화진은 기독교인들에게 특별한 의미가 있는 곳이다. 복음이 척박했던 조선 땅에 생명을 바쳐 예수 그리스도를 전하신 외국인 선교사님들이 잠들어 계신 곳, 그들의 헌신으로 복음의 씨앗이 심겨지게 되었던 장소이다. 양화진은 단지 장소가 아니라, 한국 교회가 다시 복음의 본질로 돌아가는 부르심의 상징이었다.

그 거리에서 복음의 기쁨을 다시 외치며 말씀깃발을 세우는 일은 복음의 사명으로 다시 회복하자는 힘찬 선포와도 같았기에 그곳이야말로 거리에서 말씀을 선포하는 깃발전의 시작점으로 가장 합당하다는 확신이 들었다

그러나 거리에서 깃발을 세우려면 반드시 지자체의 허가가 필요했고, 무엇보다 '말씀'이 담긴 깃발은 종교적 민원을 불러일으킬 가능성도 컸다. 그럼에도 선교회는 믿음으로 도전했다. 그 결과, 감사하게도 마포구청의 허가와 마포교구협의회의 협력을 통해 2016년과 2017년 두 해 동안 합정동 일대에서 예수님의 부활을 알리는 '부활절 말씀깃발전'을 진행할 수 있었다.

당시 구청 담당자는 조심스럽게 말했다. "이곳은 술집과 식당이 밀집된 지역이라 민원이 들어오면 다음 해에는 진행이 어려울 수 있습니다."

그러나 놀랍게도, 깃발이 걸려 있는 기간 동안 상가와 시민들로부터는 단 한 건의 민원도 제기되지 않았다. 하지만 전혀 예상치 못한 곳에서 민원이 접수되었고, 결국 일부 구간의 깃발은 철거 요청을 받게 되었다.

말씀깃발은 세워졌을 때, 그 자체로 복음을 전하는 살아 있는 도구가 된다. 그러나 철거된 순간부터는 그저 바람에 찢긴 천 조각에 지나지 않게 된다. 그 철거 과정은 내 마음을 깊이 짓눌렀고, 지금까지도 사역자로서 잊지 못할 아픔으로 남아 있다. 하지만 그 아픔은 오히려 나의 심령을 더 깊이 다듬는 하나님의 연단이 되었다.

그 과정을 통해 복음을 전하는 길이 언제나 평탄한 것은 아니며, 때론 뜻하지 않은 시련과 낙심이 찾아올 수 있다는 사실을 몸으로 배우게 하셨다.

그러나 그 어떤 어려움 앞에서도 결코 포기해서는 안 된다는 진리, 말씀은 반드시 살아 역사하신다는 확신을 하나님은 이 과정을 통해 내 마음에 더욱 깊이 새기게 하셨다. 그래서 나는 흔들리지 않았다. 깃발은 뽑힐 수 있어도, 하나님의 말씀은 결코 꺾이지 않는다는 확신을 품고, 선교회는 지금도 매년 부활절마다 말씀깃발전을 꾸준히 이어오고 있다.

우리가 사방으로 욱여쌈을
당하여도 싸이지
아니하며 답답한 일을
당하여도 낙심하지
아니하며

박해를 받아도 버린바 되지
아니하며 거꾸러뜨림을
당하여도 망하지 아니하고

고린도후서 4:8-9

35
사역은 결코
헛되지 않았다

 교단과 교파를 넘어, 오직 복음을 향한 마음으로 시작된 부활절 말씀깃발전은 신학대학교 교정을 넘어 세상 속으로 나아갔다. 하나님께서는 교회 울타리를 넘어, 거리의 시민들과도 부활의 기쁨을 나누기를 원하셨다. 우리는 그 뜻에 순종하여 복음의 시작점이 되었던 양화진 일대 합정동 거리에서 진행되었된 말쏨깃발전의 은혜를 2018년에도 이어가고자 했다. 그래서 예년처럼 구청에 허가 공문을 제출했다.

그러나 이번에는 상황이 달랐다. 구청 측은, "공공의 목적이 아닌 종교적인 행사이므로 가로등에 깃발을 설치할 수 없다."는 이유로 거절 통보를 보내왔다.

안타까운 마음에 직접 구청을 찾아가 이 사역의 의미를 설명하며 간절히 설득했지만, 담당자의 대답은 끝내 바뀌지 않았다. 그렇게 합정동 거리 위에 하나님의 말씀을 휘날리게 했던 깃발들은 두 해의 소중한 기록으로 남게 되었다.

비록 다시 허락되지 않았지만, 우리는 낙심하지 않았다. 왜냐하면 그 두 해 동안 거리를 지나던 수많은 사람들, 그들이 스치며 읽은 그 말씀에 담긴 부활의 소망과 사명은 지금도 누군가의 마음속에 살아 역사하고 있을 것이라는 확신이 있었기 때문이다.

우리가 진심을 담아 전했던 그 깃발 하나하나는 그저 천 조각이 아닌, 사람의 마음을 두드리는 하나님의 손편지였기에.

이 말씀깃발의 비전은 지금도 계속 이어지고 있다. 그 후로 다양한 기독교 단체와 교회들이 이 사역의 뜻을 함께 품고, 각자의 자리에서 깃발을 세우기 시작했다. 다른 거리에서, 다른 바람 속에서 다른 사람들이 또 말씀을 읽고, 깃발을 따라 걷게 될 것이다. 우리는 그 날이 다시 오기를 믿음으로 기대한다.

그 사역은 결코 헛되지 않았기 때문이다.

그러므로
내 사랑하는 형제들아
견실하며 흔들리지 말고
항상 주의 일에 더욱
힘쓰는 자들이 되라
이는 너희 수고가 주 안에서
헛되지 않은 줄 앎이라

고린도전서
15:58

36
멈출 수 없는 말씀깃발, 편지로 흐르다

　2018년, 말씀깃발전에 대한 구청 측의 최종적인 '불허' 입장을 재차 확인하고 본부로 돌아오던 그날, 나의 마음은 말로 다 할 수 없이 무겁고 착잡했다.
　하나님의 일이기에 언제나 담대하게 앞장서 왔건만,
　"왜 이토록 말씀이 세상 안에서 자유롭게 설 수 없는가?" 라는 그 질문이 가슴 깊은 곳에서 올라와 나를 짓눌렀다. 결국 나는 차를 길가에 세우고, 깊은 한숨과 함께 한참을 멈춰 서 있었다. 그때, 마음 깊은 곳에서 강하게 울리는 한 음성이 있었다.

"이토록 어려운 일이기에 너에게 맡겼단다. 너는 포기하지 않을 테니까."

그 음성이 들려오는 순간, 점점 나약해져가던 마음이 다시 담대해졌다. 그리고 다시금 "부활절 말씀깃발전을 결코 멈출 수 없다."는 확신이 솟구쳤다.

그래서 나는 결심했다. 비록 이제 합정동 거리 위에 말씀깃발은 세울 수 없게 되었지만, 말씀은 여전히 흩어져야 하며 복음은 멈춰 설 수 없음을. 그리고 그 사실이 오히려 내 안에 더 깊은 사명을 불러일으켰다. 지금도 말씀깃발을 기도로 준비하고 있을 사랑하는 말씀선교사들에게 이 상황을 낙심이 아닌 믿음으로 바라볼 수 있도록 전하기로 마음 먹었다.

단순히 "안 됐습니다"라고만 전할 수는 없었다. 이 일은 하나님의 일이었고 함께 이 길을 걸어온 이들에게는 하나님의 뜻 안에서 이 상황을 해석할 수 있도록 돕는 것이 나의 몫이었다. 그래서 나는 편지 한 통을 써 내려갔다. 문장 하나하나에 "이 길은 끝이 아니며, 하나님은 여전히 일하고 계신다"는 믿음의 고백을 담아 전하고자 했다.

사랑하는 말씀선교사 여러분,

양화진 말씀깃발전은 2016년과 2017년으로
만족해야 할 것 같습니다. 오늘 마포구청과의 최종 미팅을 통해, "양화진 깃발전이 가로등 설치법상 공공목적에 부합하지 않는 행사"라는 이유로 불허 방침이 확정되었습니다.
지금까지는 법 규정보다는 넓은 이해와 협조 속에서 허가가 이루어졌기에, 지난 두 해 동안 합정역과 양화진을 찾은 기독교인들과 믿지 않는 이들에게 예수 부활의 복음을 전할 수 있었던 것만으로도 감사해야 할 것 같습니다.
솔직히, 오늘 아침 미팅에서 상황이 번복되길 바랐습니다.
하지만 그 바람은 바람으로 남게 되었고,
그동안 여러분의 끊임없는 기도가 큰 힘이 되었음에도,
올해는 교회에 집중하라는 하나님의 뜻이 아닌가 싶은

마음이 듭니다.
부활절 깃발전을 앞두고 바쁘게 준비하고 계실 여러분께
기쁜 소식을 전하지 못해 마음이 무겁습니다.
하지만 낙심보다는 믿음과 확신으로
이 상황을 받아들여 주시길 부탁드립니다.
비록 양화진 거리에는 깃발이 걸리지 못하지만,
지금 우리가 준비하는 말씀깃발은 전국의 교회와
그 주변 거리마다 휘날릴 것입니다.
작년보다, 재작년보다 더 많은 교회가 참여하고 있고,
말씀깃발은 진리를 위하여 대한민국의 땅끝까지
펄럭일 것입니다.

모두 하나님의 영광을 위하여,
끝까지 믿음으로 힘냅시다!

2018년 1월

그러므로
너희 담대함을
버리지 말라
이것이
큰 상을 얻게 하느니라

너희에게 인내가
필요함은
너희가 하나님의
뜻을
행한 후에 약속하신
것을 받기 위함이라

히브리서 10:35-36

37
부활절 말씀깃발전은 범기독교 문화 행사

합정동 거리에서의 말씀깃발전은 구청의 불허로 인해 더 이상 이어지지 못했지만, 그 멈춤이 곧 사역의 중단을 의미하지는 않았다. 오히려 하나님은 그 상황 속에서도 놀라운 확장의 길을 열어 주셨다.

부활절 말씀깃발전은 2025년, 벌써 14회를 맞이하게 되었고, 코로나 이전인 2019년에는 무려 3,000여 개의 교회가 말씀깃발전에 참여하여 전국 곳곳에서 하나님의 말씀이 거리마다 휘날리는 은혜를 누리게 하셨다. 이 모든 흐름은 사람이 만든 것이 아니었다. 처음부터 지금까지 말씀깃발전의 모든 시작과 걸음은 오직 하나님께서 주신 사명이었고, 그분의 인도하심 아래 이어져 왔다.

2023년부터는 서울 광화문광장에서 열린 'CTS 부활절 퍼레이드'에 말씀깃발을 사용하게 되었고, 김포에서는 2024년에 이어 2025년에도 고난주간을 맞이하여 '크로스로드 행진'에서 함께 사용되었다. 부산에서도 온천천을 따라 진행되는 '부활절 말씀깃발 퍼레이드'와 '부활절 연합예배' 현장에서 귀하게 활용되고 있다.

이 흐름을 통해 우리는, 부활절 말씀깃발이 단순한 하나의 프로젝트를 넘어, 예수 그리스도의 생명과 부활을 기념하는 모든 기독교인의 깃발이며, 복음을 사랑하는 공동체의 연합된 외침이 되어가고 있음을 보게 된다. 우리는 다만, 맡겨진 사명을 따라 순종하며 하나님의 영광을 위해 묵묵히 걸어가고 있을 뿐이다.

앞으로 부활절 말씀깃발전이 국경일마다 태극기가 휘날리고 부처님 오신 날마다 연등이 거리를 밝히듯, 부활절이 되면 전국의 거리 가로등과 교회마다 예수님의 부활 말씀이 담긴 깃발이 힘차게 휘날리는 '범기독교 문화 행사'로 자리 잡기를 소망한다.

예수 부활의 말씀깃발전은 멈추지 않는다. 그 깃발은 멈추지 않고 계속해서 펄럭이며, 이 시대를 향해 부활의 생명과 복음을 전하는 살아 있는 말씀깃발이 될 것이다.

우리가 너의 승리로 말미암아
개가를 부르며
우리 하나님의 이름으로
우리의 깃발을
세우리니

여호와께서
네 모든 기도를 이루어
주시기를 원하노라 시편20:5

38
안 왔으면 어쩔 뻔했니?

2025년 부활절 전날인 4월 19일 토요일, 청현재이 말씀그라피 선교회는 서울 광화문에서 진행되는 CTS 부활절 퍼레이드와 더불어, 부산에서도 부활절 말씀깃발 퍼레이드를 동시에 준비하고 있었다. 나는 두 사역 중 어디로 가야 할지 고민했다.

서울 행사는 몇 년간 CTS 기독교 방송국과 함께해 온 익숙한 일정이었고, 선교회 임원들과 말씀선교사들이 자발적으로 잘 감당해 주고 있었기에 내가 없어도 무리 없이 진행되리라 믿었다.

반면, 부산은 첫 번째 퍼레이드가 열리는 중요한 자리였다. 열정적으로 준비하고 있는 부산선교팀과 나드림미션스쿨 학생들을 응원하고 싶은 마음에 결국 나는 부산행을 택했다.

하지만 열차 예매가 쉽지 않았다. 퍼레이드가 진행되는 날이 토요일이다 보니 며칠을 접속해도 매진 표시만 눈에 들어왔다. 그러다 '예약대기'라는 문구가 뜨자마자 예매를 시도하여 간신히 예약에 성공했고, 안도감 속에 부산 퍼레이드가 열릴 날을 기다렸다.

그런데 출발 당일, 뜻밖의 일이 벌어졌다. 내가 예약한 표가 부산행이 아니라 서울행이었다는 사실을 출발역에 도착해서야 뒤늦게 알게 된 것이다. 목적지를 잘못 선택하고도 확인하지 않은 채 덜컥 예약을 했던 것이다. 순간 어이없고 막막했지만, "혹시 하나님이 이렇게 해서라도 나를 부산으로 보내시려는 걸까?" 하는 마음에 무작정 눈앞에 보이는 부산행 열차에 올라탔다. 열차에 오르자마자 표를 반환하고, 승무원에게 상황을 설명해 현장에서 입석표를 발급받았다.

무려 3시간, 입석이었다. 하필이면 서대전과 구포를 들러 가는 가장 오래 걸리는 노선의 열차를 탄 것이었다. 처음엔 막막했지만, 찬양을 들으며 기도하는 그 시간은 오히려 하나님의 계획 속에 있다는 평안을 선물해 주었다.

부산역에 도착해 부전교회 행사장에 들어섰을 때, 첫 부활절 말씀깃발 퍼레이드를 준비하고 있는 부산선교팀과 나드림 학생들의 모습을 보니 가슴 깊은 곳에서 벅찬 감동이 올라왔다.

"안 왔으면 어쩔 뻔했니?"

하나님께서 내 마음에 조용히 물으시는 듯했다. 이 감격스러운 복음의 현장에 참여하게 하신 하나님의 뜻 앞에 마음이 깊이 숙연해졌다. 그날은 단순히 사역에 참여한 날이 아니라, 하나님의 부르심 앞에 순종한 자가 누리는 기쁨을 배운 날이었다.

여호와께서
사람의 걸음을 정하시고
그의 길을 기뻐하시나니

그는 넘어지나
아주 엎드러지지
아니함은
여호와께서
그의 손으로
붙드심이로다

시편 37:23-24

9부
열방으로 나아가는 말씀그라피

・

중화권 복음화의 첫걸음

복음은 국경을 넘고, 언어를 넘고, 문화의 벽을 넘습니다. 붓끝에 담긴 하나님의 말씀이 한국을 넘어 중화권과 열방으로 흘러갑니다.

이 장에는 대만에서 시작된 놀라운 말씀그라피 선교의 여정과 그 속에서 함께 일으켜진 하나님 나라의 협력과 감동이 담겨 있습니다.

39
대만으로 인도하시다

 2018년, 디자인 선교를 향한 그레이스벨의 대만 진출을 위한 바이어 미팅이 예정되어 있어 대만을 방문하게 되었다. 일주일간의 일정 중에 주일이 포함되어 있어, 대만 현지에서 예배를 드릴 수 있는 교회를 찾기 위해 한국의 목사님들께 부탁드려 대만 선교사님들의 교회를 추천받고 있었다. 그때 가깝게 지내던 목사님께서 이런 제안을 해주셨다.

"대만에 간 김에, 현지 선교사님들과 성도들에게 말씀그라피 나눔을 하면 어떨까요?"

목사님의 제안을 듣게 되면서 '나의 역할이 국내에만 머물러서는 안 된다는 하나님의 이끄심이구나'라고 생각되어, 복음 사역으로 애쓰시는 선교사님들에게 먼 이국 땅에서 말씀을 써드리는 일이 얼마나 큰 위로가 될지 생각하며 기도하게 되었다.

얼마 후 그 기도의 응답으로 남용환 선교사님 부부가 섬기시는 부흥교회와 소통하게 되었다. 대만에 도착하고 그레이스벨과 관련된 일정을 마친 후, 주일이 되어 사전에 예배드리기로 했던 부흥교회를 방문하게 되었다. 예배가 끝난 후 선교사님들과 성도들에게 원하는 말씀을 한글과 중국어로 써드리는 시간을 갖게 되었는데, 처음으로 말씀그라피를 접한 성도들은 신기해 함과 동시에, 그 글씨 안에 담긴 하나님의 말씀에 감동을 받았다며 기뻐했다. 그 모습에 내 마음에도 은혜가 흘러들었다.

그동안 해외여행조차 조심스러웠던 나였지만, 하나님께서 중화권 복음화를 향한 사명을 품게 하시고, 그 첫걸음을 대만으로 내딛게 하신 것은 하나님의 놀라운 계획이었다.

말씀그라피 나눔이 마무리될 즈음, 대만 선교사 한 분이 찾아오셨다. '대만 북부선교사연합회' 임원들과의 만남이 예정되어 있다며 나를 안내해 주신다는 것이다. 그렇게 도착한 곳은 한국인이 운영하는 '카페베네'라는 카페였다. 그곳에서 임원들과 만나게 되었고, 그 자리에서 한 임원이 갑작스레 말씀하셨다.

"말씀그라피를 대만 선교사들에게 가르쳐 주실 수 없을까요?"

예상치 못한 요청이었다. 단순한 만남이 아니라 교육을 요청하는 것이었기에 잠시 당황했지만, 곧 하나님께 조용히 마음을 여쭈었다. 그리 오래 걸리지 않아, 이것이 하나님의 뜻임을 깨달았다. 그래서 나는 그 자리에서 조건 하나를 제시했다.

"이 말씀그라피 교육은 단순한 기술 전달이 아니라 하나님나라의 확장을 위한 일이라 믿기에 기꺼이 가르쳐 드리겠습니다. 하지만 조건이 있습니다. 청현재이 선교회의 방침을 따라주셔야 합니다. 그 방침은 바로, 선교회와 선교사들 간에 서로 협력하고 연합해야 한다는 것입니다."

그렇게 해서, 대만에서의 말씀그라피 교육과 사역이 시작되었다. 단순한 인연이 아니라 하나님께서 이끄신 사명의 만남이었다. 그리고 그 여정은 지금도 은혜롭게 협력하며 이어지고 있다.

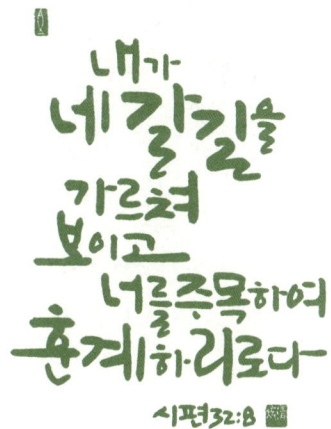

40
다시 열어 주실
사명의 문을
준비하며

대만에서의 말씀그라피 교육은 북부 지역인 타이페이에서 먼저 시작되었다. 타이페이에서 선교사로 활동하고 계시는 선교사님들 중에 말씀그라피 교육을 희망하는 10여 명의 선교사님들이 자발적으로 모이게 되었고, 그분들을 대상으로 상반기와 하반기로 나누어 교육을 진행하기로 했다. 그렇게 북부에서의 교육이 잘 진행되자, 자연스럽게 그 열기는 남부 지역인 카오슝까지 이어지게 되었다.

남부에서 사역 중인 선교사님들은 대부분 중국에서 추방되신 분들이 많았다. 그분들의 눈빛과 기도 속에는 여전히 중국에 남겨진 성도들에 대한 그리움이 담겨 있었다. 추방이라는 현실 속에서도 그 땅을 향한 선교의 끈을 놓지 않고, 어떤 방식으로든 복음을 다시 전할 길을 찾으셨다.

"언젠가 다시 중국의 문이 열릴 날이 오면, 이 글씨로 하나님의 말씀을 전하고 싶어요."

그 말을 듣는 순간, 가르치는 손에 힘이 들어갔다. 이 교육은 단순한 기술 전달이 아닌, 하나님께서 다시 열어 주실 사명의 문을 준비하는 일이었다. 말씀그라피가 선교의 문을 여는 열쇠라면, 지금 교육은 중화권을 향한 복음의 씨앗을 심는 귀한 시간임에 틀림없었다.

그 작은 자가
천명을 이루겠고
그 약한 자가
강국을 이룰것이라
때가 되면
나 여호와가
속히 이루리라

이사야 60:22

41
대만 말씀그라피의 가능성을 확인하다

대만 북부 지역에서 선교사님들과 함께 말씀그라피 교육을 마무리할 무렵, 마음 한편에 "과연 말씀그라피가 대만과 중화권에서도 복음을 전하는 도구로 쓰일 수 있을까?"라는 질문이 마음속 깊이 자리 잡았다. 한국에서 오랜 시간 말씀그라피 사역을 감당하며 누렸던 은혜를 나는 분명히 알고 있었지만, 대만

선교사들에겐 아직 직접적인 체험이 없었기에 그 가능성을 실제로 보여드리고 싶었다. 그 마음을 품고, 북부 교육을 마친 선교사들과 상의 끝에 타이페이 일대에서 일주일간 말씀그라피 나눔 사역을 진행하기로 결정했다.

한국으로 돌아온 뒤에는 곧바로 대만 사역을 위한 준비가 시작되었다. 선교회 본부의 말씀선교사들을 대상으로 중국어 말씀그라피 교육을 실시했고, 교육을 마친 이들 중 10명을 선발하여 비전트립의 여정을 함께 하기로 했다.

타이페이에 도착한 우리는 대만 선교사들과 함께 일주일간 진행될 말씀그라피 사역을 위한 감사예배로 사역의 문을 열었다. 매일 아침, 선교사들의 교회를 찾아가 그 교회와 지역을 위해 먼저 기도하고, 정해진 사역 현장으로 이동해 말씀그라피 사역을 감당했다.

진리당 교회, 시먼딩 거리, 정치대학교 교정, 그리고 영화 '말할 수 없는 비밀'의 배경으로 유명한 단수이 등 대만 현지인들과 여행객들이 자주 오가는 곳들이 우리의 주된 사역의 무대가 되었다. 한국인들에게는 유명한 대만 관광지가 우리에게는 말씀그라피로 복음을 전하는 무대였고, 말씀선교사들 개개인은 여행객이 아닌 말씀을 들고 찾아온 복음의 전달자였다.

말씀선교사들은 대만 사역을 준비하며, 한국에서 미리 중국어로 된 30개의 성경 말씀을 선정하고, 수차례 연습을 통해 중국어 말씀그라피의 완성도를 높여 갔다. 그런 철저한 준비 과정 덕분에 대만 현지 사역지에서도 당황하지 않고 현지인이 선택한 말씀 한 구절을 그 영혼을 위해 기도하며 붓으로 써드릴 수 있었다.

붓끝에서 흐르는 성령의 은혜를 눈으로 마주한 대만 현지인들은 살아 있고 활력이 넘치는 말씀에 깊이 집중했고, 대만 선교사들은 유창한 중국어로 말씀의 의미를 전하며 그들의 손을 맞잡고 함께 기도했다. 이 모든 과정을 통해 대만 선교사들은 말씀그라피가 복음을 전하는 강력한 도구임을 직접 경험하게 되었으며, 사역을 지켜본 현지 교회 '진리당'의 관계자들도 말씀그라피 교육을 요청하기에 이르렀다. 이처럼 은혜롭게 이어진 대만의 말씀그라피 사역은 이듬해인 2019년에도 계속되었고, 대만 북부 타이페이는 물론 남부 카오슝 지역으로 확장되어 진행되었다.

2019년 이후에는 비록 코로나로 인해 한동안 사역이 중단되었지만, 중화권을 향한 말씀그라피의 열정은 여전히 살아 있었다.

현재도 대만 북부 선교팀과 남부 선교팀은 정기적으로 모여 붓으로 말씀을 쓰는 연습을 이어가며, 대만 현지인들에게 복음을 전하기 위해 함께 협력하여 말씀그라피 나눔을 지속하고 있다.

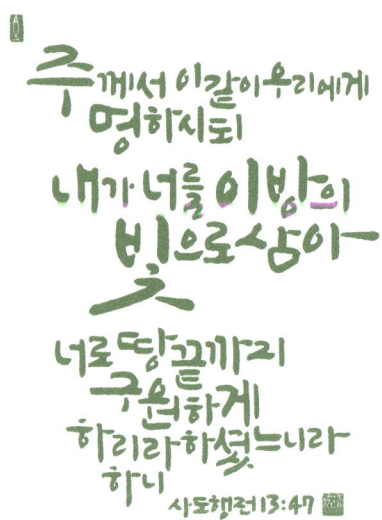

42
대만 사역 중에 만난 '나드림 국제미션스쿨'

타이페이에 머물며 대만 북부 선교사님들을 대상으로 말씀그라피 교육을 진행하던 중에 특별한 만남이 있었다. 바로 부산에서 온 '나드림 국제미션스쿨'의 학생들이었다. 그들은 6개월 이상 대만에 체류하며 중국어를 배우고 복음을 전하며, 선교사님들의 교회를 돕는 밝고 건강한 청소년들이었다.

학생들을 지도하는 전도사님과 함께 공동체 생활을 하며 신앙과 인성 모두 아름답게 자라나는 학생들의 모습은 매우 인상적이었다. 자연스럽게 그들을 이끄는 학교의 책임자가 누구인지 궁금해졌고, 곧 나드림학교가 성경적 세계관으로 기독교 글로벌 리더를 양성하기 위해 세워졌으며, 이사장은 김승욱 목사님이라는 사실을 알게 되었다.

그후 얼마 지나지 않아 대만을 방문하신 김 목사님과 직접 인사를 나눌 수 있었고, 그 인연은 이후 7년 넘는 시간 동안 한국에서도 지속적으로 이어지게 되었다.

나드림 학생들의 가장 큰 특기는 '찬양'이다. 매년 정기적으로 음악 발표회를 열 만큼, 그들은 찬양을 통해 선교를 체험하고 복음을 삶으로 살아내는 법을 배우고 있었다. 그 밝고 환한 얼굴의 이유가 바로 여기에 있었다.

2018년과 2019년, 청현재이 선교회가 대만에서 말씀그라피 나눔 사역을 펼칠 때에도 나드림 학생들은 거리 곳곳에서 찬양으로 복음을 전하며 중요한 역할을 감당했다. 복음에 낯선 다종교 문화 속에서 그들의 찬양은 진리의 말씀을 전하는 아름다운 통로가 되어 주었다.

대만 사역을 통해 깊이 깨달은 것이 있다면, 말씀그라피 복음은 혼자가 아닌 함께할 때 비로소 그 은혜가 온전히 흘러간다는 것이다.

 서로 다른 재능들이 만나 하나로 어우러질 때, 하나님의 마음은 더 깊고 넓게 전해진다.

 그래서 복음에는 언제나 '연합'이 필요하다. 그 연합 속에서 우리는 각자의 한계를 넘어 하나님이 원하시는 크고 놀라운 일을 함께 이뤄 가게 된다. 하나님께서는 나드림학교 학생들을 통해 그 연합의 은혜를 눈앞에서 보여 주셨고, 그 만남은 지금도 내 사역의 깊은 그리움으로 남아 있다.

우리가 알거니와
하나님을
사랑하는자곧
그의뜻대로
부르심을
입은자들에게는
모든것이 합력하여
선을 이루느니라

로마서 8:28

43
선교 품앗이를 아시나요?

'품앗이'는 원래 농촌에서 서로의 모내기를 도우며 협력할 때 사용하는 말이다. 사전적으로는 '힘든 일을 서로 도우며 품을 나누고 갚는 일'을 의미한다. 2018년, 대만에서 말씀그라피 교육과 사역을 진행하던 중 문득 이런 생각이 들었다.

"선교지에도 품앗이가 필요하지 않을까?"

당시 대만에서는 말씀그라피 교육을 받은 선교사님들을 중심으로 타이페이 지역의 '북부 선교팀'과 카오슝 지역의 '남부 선교팀'이 자연스럽게 구성되어 있었다. 대부분 혼자 또는 부부가 함께 사역하는 경우가 많았다. 그 모습을 보며, 이분들의 협력이야말로 대만 현지에서 말씀그라피 선교가 뿌리내리는 데 중요한 밑거름이 될 것이라는 기대가 생겼다. 그래서 나는 선교사님들에게 작은 제안을 드렸다.

"각자 섬기는 교회를 돌며 함께 말씀그라피 사역을 해 보면 어떨까요?"

이른바 '선교 품앗이'이다. 처음에 대만 선교사님들은 선교지에서의 협력 사역 경험이 부족했던 탓에 망설이는 분들도 있었다. 그러나 한국의 말씀선교사들이 대만 현지인들을 대상으로 말씀그라피 사역을 직접 진행하는 모습을 함께 경험한 이후, '말씀그라피가 협력 선교의 구심점이 될 수 있다'는 믿음이 생겨나기 시작했다.

그로부터 몇 해가 지난 지금, 대만 북부와 남부 선교팀은 서로의 교회를 오가며 말씀을 쓰는 선교사, 복음을 전하며 액자를 조립하는 선교사 등 각자의 역할을 나누어 함께 웃고 수고하는 '선교 품앗이'를 실천하고 있다. 서로 다른 사역지를 향해 기꺼이 발걸음을 내딛는 그들의 모습은 참으로 귀하고 감사하다. 그 과정에서 한 선교사님의 고백이 마음에 깊이 남았다.

"선생님, 말씀그라피 사역은 혼자 할 수 없다는 걸 알았습니다. 함께 협력할 때, 말씀과 기도가 더 은혜롭게 흘러간다는 것도요."

서로의 사역을 도우며 하나 되어 걷는 이 길. 대만에서 피어난 이 귀한 선교 품앗이가 중화권으로 더 나아가, 더 넓은 열방으로 흘러가기를 간절히 소망한다.

> 한 사람이면 패하겠거니와
> 두 사람이면 맞설 수 있나니
> 세 겹 줄은 쉽게 끊어지지 아니하느니라
>
> 전도서 4:12

44
일본에서 울려 퍼진 첫 말씀그라피 선교의 감동

"선생님, 너무 감동이 되어 전화드리지 않을 수 없었어요."

주일 늦은 오후, 나는 예배를 마친 후 작업실에서 말씀을 쓰고 있었다. 한참 말씀을 쓰던 중 찬양을 들으려고 핸드폰을 들었는데, 부재중 전화 한 통이 와 있었다. 주일이라 핸드폰을 무음으로 해 두었기에 전화가 온 줄도 몰랐던 것이다. 전화를 건

분은 다름 아닌 말씀선교사로 함께 동역하고 있는 문홍철 목사님이었다.

문 목사님 부부는 일주일간 일본 오사카 북부교회 설립 100주년 기념행사에 참석 중이었다. 이 행사에서 직접 말씀을 전하고, 예배 후에는 일본 성도들과 말씀그라피 나눔을 계획하고 있다는 이야기를 출국 전 나누었기에 '벌써 한국으로 돌아오셨나?' 하는 생각으로 전화를 걸었다. 그런데 국제전화라는 메시지가 들렸고, 문 목사님이 일본에서 전화를 걸었다는 것을 알게 되었다.

"선생님! 저희 부부가 지금 숙소에 막 들어왔는데, 선생님께 전하지 않고는 도저히 견딜 수가 없어서 늦은 시간이지만 전화를 드렸습니다. 아내는 선생님이 피곤하실 테니 내일 전화드리자 했지만, 저는 이 벅찬 마음을 가장 먼저 선생님께 알려드리고 싶었습니다."

문홍철 목사님과 사모님은 얼마 전 청현재이 말씀선교사 1년 과정을 수료하고, 이제 막 말씀선교사로 사역을 시작한 분들이다. 이번 일본 사역을 경험한 후, 그 벅찬 감동을 가장 먼저 전하고 싶어 전화를 하신 것이었다. 문 목사님은 그날의 감격스러운 현장 상황을 전화기 너머로 들려주셨다.

"예배가 끝나고 진행된 말씀그라피 나눔에서 일본 성도들의 반응이 저희가 상상했던 것 이상으로 뜨거웠습니다. 말씀을 글씨로 써 내려가는 모습을 보고 감동하는 눈빛들, 서로 소곤거리며 말씀그라피가 무엇인지 감격스럽게 이야기하는 모습들, 어떤 분들은 눈물을 글썽이며 조심스럽게 말씀을 바라보시기도 했습니다." 문 목사님의 목소리에 벅찬 감동이 느껴졌다.

"그 순간 선생님께서 수업 중 늘 말씀해 주셨던 '말씀그라피 선교 비전'이 떠올랐습니다. 말씀을 단순한 글씨로 보는 것이 아니라, 살아 있는 하나님의 말씀이 성령의 글씨로 사람들에게 위로와 소망을 전하는 선교의 통로가 된다는 그 말씀 말입니다. 직접 그 현장을 경험하고 나니 그 의미가 마음 깊이 다가왔습니다. 선생님, 가르쳐 주셔서 정말 감사드립니다."

전화기 너머로 들려오는 감사와 감격의 고백은 여러 사역으로 지쳐 있던 내 마음에 하나님의 위로와 새 힘을 부어 주시는 것 같았다.

나는 이전부터 믿고 있었다. 2018년 이후 대만에서 활발히 이어지고 있는 말씀그라피 선교처럼, 일본에서도 반드시 복음의 새로운 문이 열릴 것이라는 확신이었다. 그래서 선교회에서 진행하고 있는 말씀그라피 강의 가운데 언제나 그 비전을 나누고, 준비된 일꾼들을 세우고자 기도하며 말씀을 전해 왔다.

그 결과 일본 성도들의 뜨거운 반응은 그 믿음이 결코 헛되지 않았음을 보여주었다. 특히 처음 그 땅에 말씀그라피 사역의 씨앗을 심은 문홍철 목사님 부부에게는 평생 잊지 못할 은혜의 순간이 되었을 것이다.

이 첫걸음을 시작으로 일본 땅에도 살아 있는 하나님의 마음이 말씀그라피로 전해지고, 그들의 마음을 움직이며, 일본 곳곳으로 말씀그라피 선교의 사역이 넓게 퍼져 나가기를 간절히 기도한다.

내가 진실로 진실로
너희에게
이르노니 한 알의
밀이 땅에 떨어져
죽지 아니하면
한 알 그대로 있고
죽으면 많은
열매를 맺느니라

요한복음 12:24

10부
말씀그라피 전용 갤러리

말씀으로 위로를 얻는 공간

이 공간은 단순한 전시장이 아닙니다. 작품마다 하나님의 말씀이 살아 숨 쉬고, 방문자마다 말씀의 위로와 회복을 경험하는 은혜의 장소입니다. 청현재이 아트센터는 말씀을 성령의 글씨로 담아낸, 복음이 흐르는 '작은 성전'입니다. 이곳에서 하나님을 예배하고, 그분의 임재를 깊이 누릴 수 있기를 소망합니다.

이 장은 '청현재이 아트센터'라는 공간이 어떤 계기와 과정을 통해 하나님의 인도하심 아래 세워졌는지를 보여줍니다. 아트센터에서 펼쳐진 전시와 만남, 그리고 그 속에서 일어난 감동의 이야기를 통해 말씀그라피 전용 갤러리가 어떻게 사람들에게 은혜의 공간이 되는지를 나눕니다.

45
종교적인 작품은 전시하기 힘들다

세상에는 다양한 캘리그라피 협회와 단체들이 활발하게 활동하고 있다. 서울 인사동과 같은 지역에서는 정기적인 전시가 열리고, 작가들은 그 무대를 통해 자신의 예술세계를 표현하며 작가로서의 길을 다져 간다. 이처럼 세상 속 전시 문화는 활발하고, 많은 이들에게 인정받는 예술 활동의 한 축을 차지

하고 있다.

하지만 '말씀을 담은 캘리그라피', 곧 말씀그라피는 그 목적과 방향이 본질적으로 다르다. 일반적인 전시가 작가 개인의 감정과 철학을 예술로 풀어내는 데 목적이 있다면, 말씀그라피는 하나님의 말씀을 전하는 도구이며, 은혜를 나누는 복음의 언어이다. 그 목적이 다르기에 전시 환경도 달라질 수밖에 없었다.

말씀그라피를 전시할 공간을 찾는 일은 생각보다 훨씬 더 큰 현실의 벽 앞에 마주 서야 하는 일이었다. 특히 인사동 일대 갤러리들은 일주일 대관료만 해도 수백만 원에 달했다. 유명 작가나 대형 단체가 아닌 이상 접근조차 어려운 금액이었다.

그렇다고 전시를 포기할 수는 없었다. 말씀그라피의 은혜를 더 많은 이들과 나누고 싶었기 때문이다. 그래서 우리는 지자체나 공공기관이 운영하는 갤러리를 찾아다녔다. 그런 곳 대부분은 비용을 받지 않거나 저렴한 공간들이었기에 많은 작가들이 이용하는 곳이기도 했다. 그러나 전시를 문의할 때마다 돌아오는 대답은 대부분 같았다.

"죄송합니다. 종교적인 작품은 전시가 어렵습니다."

짧은 그 한마디가 나의 마음에 무겁게 내려앉았다. 말씀그라피 전시에 대한 현실은 생각보다 쉽지 않았고 벽은 예상보다 높았다. 그러나 그 어려움 속에서도 우리 선교회가 감당해야 할 사명은 분명했기에, 나는 각 말씀선교팀에게 교회 안에서의 전시를 추진해 보자고 권면했다. 그동안 교회에서 진행되었던 '청현재이 말씀그라피전'의 경험을 통해 말씀선교팀의 말씀그라피 작품들이 교회 안에서 전시된다면, 성도들에게 귀한 은혜가 될 것이라는 마음에서였다. 그렇게 말씀선교팀은 교회 전시를 위한 기획에 들어갔고, 전시 공간을 찾기 위해 갤러리가 있는 교회들을 중심으로 연락을 취하기 시작했다. 하지만 신촌과 강남에 위치한 몇몇 교회에 문의했을 때조차 돌아온 대답은 하나같이 "죄송하지만 어렵습니다"라는 말뿐이었다.

우리는 유명 작가도 아니었고, 화려한 작품을 내세울 수 있는 사람들도 아니었다. 그저 붓끝에 하나님의 말씀을 담아 그 은혜를 나누고 싶은 간절한 마음이 전부였다. 물론 교회마다 나름의 사정과 운영 기준이 있기에 그 입장을 이해하지 못하는 건 아니다. 하지만 그런 정중한 거절에도 불구하고, 마음 한편엔 깊은 아쉬움이 남았다. 말씀선교사들에게 그런 반응은 적지 않은 상처가 되었고, 그 소식을 들은 나는 선교회 리더로서 깊은 책임감과 무거운 마음을 느꼈다.

그 이후로 한동안 틈이 날 때마다 아무 말 없이 하나님 앞에

엎드렸다. "하나님, 이 길을 계속 걸어가도 되겠습니까? 이 사역을, 지금처럼 계속 이어 가야 합니까?"

세상에서도, 교회 안에서도 쉽게 열리지 않는 이 현실 앞에서 하나님께서는 얼마나 마음이 아프셨을까. 그 생각에 가슴이 무너져 내렸다. "말씀이 바로 서야 한다"라고 누구나 말하지만, 정작 말씀을 담은 작품이 설 자리는 너무도 좁은 현실이었다. 그 안타까움 속에서도 우리는 포기하지 않았다. 아니, 포기할 수 없었다.

그렇게 말씀선교사들과 함께 눈물로 기도하며 우리는 걸음을 멈추지 않았고, 마침내 하나님께서 그 기도에 응답해 주셨다.

눈물의 시간은 결코 헛되지 않았고,
하나님의 응답은 분명했다.

눈물을 흘리며
씨를 뿌리는 자는
기쁨으로
거두리로다

울며 씨를 뿌리러
나가는 자는
반드시 기쁨으로
그 곡식 단을
가지고 돌아오리로다

시편 126:5-6

46
살아있는 말씀그라피 전용 갤러리

청현재이 말씀그라피 전시회를 교회에서 진행하고 나면, 전시가 마무리될 즈음 일부 성도님들이 이런 질문을 하신다.

"다음엔 어디에서 전시하나요?"

질문의 이유는, 예배하러 올 때마다 복도 곳곳에 걸린 말씀 작품이 마음을 평안하게 해 주었기에, 전시가 끝나면 왠지 허전할 것 같다는 것이다. 그 이야기를 들을 때마다 마음속에 조용히 하나의 비전이 자라났다.

'기독교인들이 언제 어디서든 살아 있는 하나님의 말씀을 볼 수 있는 공간이 있다면 얼마나 좋을까….'

그런 갈망을 품은 채 지내던 어느 날, '갈멜산 기도원'에서 기도를 드리고 나오던 길에 평소처럼 안양시 삼막 주변의 식당에서 식사를 하게 되었다. 그날따라 주변 산세와 경관이 유독 편안하고 아름답게 다가왔다. 그 순간, 마음 깊은 곳에서 이런 생각이 들었다.

'예배와 기도를 드린 후, 이곳 삼막에서 식사를 하고, 살아 있는 하나님의 말씀 작품을 마주할 수 있다면, 기독교인들에게 얼마나 큰 위로와 기쁨이 될까.'

예전엔 무심코 지나쳤던 익숙한 풍경이었지만, 그날따라 그곳이 다르게 보였다. 하나님께서 왜 이런 마음을 주시는지 궁금해졌고, 그 마음을 가지고 기도하게 되었다. 하나님은 언제나 그렇듯, 당신을 영화롭게 할 수 있는 일에는 주저함 없이 길을 여시는 분이시다.

얼마 후, 말씀그라피 전용 갤러리와 교육 공간으로 적합한 건물을 만나게 하셨고, 건물 전체를 리모델링하여 2024년 1월 '청현재이 아트센터'를 개관하게 하셨다. 그토록 전시 공간을 구하기 어려웠던 지난 시간들, 그리고 전시가 끝날 때마다 "다음엔 어디에서 볼 수 있나요?"라고 묻던 성도들의 눈빛. 그 두 마음이 언제나 내 안에 간절함으로 남아 있었기에, 나는 경기도 안양에 자리한 삼막이라는 곳을 마주했을 때, 하나님께서 왜 이 길을 여셨는지를 알 수 있었다.

이제 이곳에 문을 연, 청현재이 아트센터가 단지 작품을 전시하는 장소가 아니라 언제든지 부담 없이 말씀을 마주할 수 있는 공간이 되기를 소망한다.

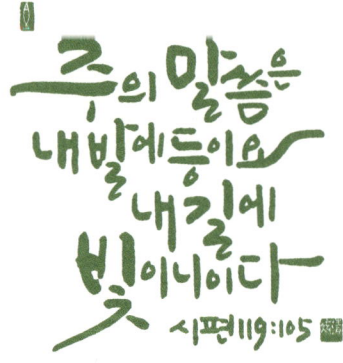

47
왜 하필이면 건물 외벽을 적벽돌로 입혔을까?

청현재이 아트센터 건물의 외벽은 처음부터 지금의 모습이 아니었다. 처음 마주한 그 건물은 차가운 회색빛 대리석 외장이었고, 정직하지만 무표정한 인상을 주는 단단한 벽이었다.

하지만 건물을 처음 본 순간, 마음 깊은 곳에 하나님께서 강하게 말씀하셨다.

"이 공간은 주님의 보혈, 값진 붉은빛으로 덧입혀져야 한다. 문을 열고 들어오는 사람마다 따뜻한 하나님의 품을 경험하게 될 것이다."

그 감동은 너무도 분명했고, 주저할 이유가 없었다. 나는 바로 외벽을 적벽돌로 바꾸기로 결단했다. 그 결정은 단순히 미적인 이유나 유행을 따라간 것이 아니었다. 이 공간이 지닌 영적 의미를 시각적으로 고백하는 순종이었다.

또한, 이 아트센터는 단순한 건물이 아니라, 하나님의 말씀이 담기는 성전이었다. 그래서 건축을 진행하는 데 있어서도 '누구와 함께할 것인가'가 너무 중요했다. 하나님이 원하시는 이 일을, 그분께서 예비하신 사람과 함께하고 싶은 그 마음으로 기도했다.

"주님, 이곳은 하나님의 말씀을 담는 성전입니다. 이 일을 함께할 사람도, 기업도 주님께서 준비해 주세요."

그러던 중, '하베스트 인테리어'라는 회사를 만나게 되었다. 대표자는 목회자의 아들로, 어릴 때부터 신앙 안에서 자라며 하나님의 일을 감당하는 사명을 가진 분이었다. 감사하게도 그 대표자의 아버님이신 목사님은 은퇴 후, 직접 목수로 공사 현장에 함께하시며 손수 건축에 참여하셨다. 공사의 매일매일이 감사였고, 그 과정은 말씀 위에 세워진 시간들이었다.

그러던 어느 날, 한 작업자분이 조용히 다가와 이렇게 고백하셨다. "저도 하나님을 믿는 사람입니다. 귀한 말씀 성전이 세워지는 일에 함께할 수 있어서 감사드립니다. 더 책임감 있게, 꼼꼼하게 임하겠습니다."

그 말을 듣는 순간, 내 마음에도 확신이 찾아왔다. 이곳은 단순한 건물이 아니라, 하나님께서 친히 세워 가시는 '말씀성전'임이 분명했다. 그래서 겉으로 드러나는 외관보다 더 깊이, 이곳이 품고 있는 하나님의 사랑과 진리가 사람들의 마음에 먼저 전해지기를 간절히 바랐다.

누구든 이곳에 들어와 잠시 머물 때, 말씀 안에서 안식을 누리고 하나님의 따뜻한 품을 느끼게 되기를 기도한다.

그러므로 형제들아
우리가
예수의 피를 힘입어
성소에 들어갈
담력을 얻었나니

그 길은 우리를 위하여
휘장 가운데로
열어놓으신 새로운
살 길이요 휘장은
곧 그의 육체
니라 히브리서 10:19-20

48
벽돌 1,000장을 함께 쌓을게요

말씀그라피 전용 갤러리, '청현재이 아트센터'의 건축은 오랜 기도 끝에 내린 결단이었다. 사역이 확장되면서 전용 공간의 필요성은 더욱 절실해졌지만, 공간을 세운다는 것은 단지 장소를 마련하는 것이 아니라 하나님의 뜻에 순종하는 믿음의 걸음이 동반되어야 했다.

재정 상황은 모든 조건이 완벽하다고 말하기 어려운 상황이었다. 그러나 분명한 것은, 이 일이 지금이 아니면 안 된다는 마음이 있었다.

하나님께서 원하실 때, 그 타이밍에 순종하지 않으면 그 은혜의 물줄기를 놓칠 수도 있다는 두려움 아닌 두려움.

그래서 우리는 조심스럽게 첫삽을 떴다. 그 무렵, 오랜 시간 말씀그라피 사역에 따뜻한 응원과 사랑을 보내주시던 김포명성교회 김학범 목사님께서 내게 전화를 주셨다.
"주변에서 후원을 받으셔야죠. 저희 교회가 먼저 건축에 올릴 벽돌 1,000장을 쌓는 마음으로 후원하겠습니다."
그 한마디에 말문이 막혔다. 단순한 재정의 손길이 아니었다. 이 사역이 얼마나 귀한지 믿고 응원해 주는 마음, 말씀그라피 전용 공간이 다음 세대를 위한 믿음의 유산이 될 것임을 함께 확신해 가는 손길이었다. 그 전화는 마치 하나님께서 직접 "내가 너와 함께하겠다"고 말씀하시는 듯한 위로였고, 그 길을 걸어가도 된다는 확인의 싸인이었다.
그 이후로도 많은 동역자들이 기도와 물질로, 마음을 모아 함께해 주었다. 이 일은 몇 사람의 헌신으로만 이룰 수 있는 일이 아니였기에, 그 하나하나의 손길이 하나님의 인도하심으로 느껴졌다. 그렇게 세워진 청현재이 아트센터는 단순한 전시 공간을 넘어, 지친 이들에게 말씀으로 위로하고, 다시 말씀으로 일으키는 치유의 공간이 되었다.

그 시작점엔 "벽돌 1,000장을 함께 쌓겠습니다"라고 말해 주신 김학범 목사님의 따뜻한 믿음이 있었다. 그 손길은 이후 이어진 모든 동역의 씨앗이 되었고, 오늘의 말씀성전을 가능케 한 하나님의 사랑의 증거가 되었다.

우리는
하나님의 동역자
들이요
너희는
하나님의 밭이요
하나님의 집이니라

고린도전서 3:9

49
내일은
어떤 분들이
관람하러
오실까?

 청현재이 아트센터가 2024년 1월 정식으로 개관한 이후, 누군가에게는 우연처럼, 누군가에게는 기도 응답처럼 사람들이 삼삼오오 이곳을 찾아오기 시작했다. 이름 있는 전시장도, 화려한 홍보도 아니었지만, 입소문을 타고 찾아온 사람들의 마음에는 한 가지 공통점이 있었다.

지친 일상 속에서 하나님의 말씀을 만날 수 있는 '쉼의 공간'을 찾고 있었던 것이다. 어떤 분은 전시장 안을 천천히 걷다가 말씀 작품 앞에 조용히 서서 말씀을 찬찬히 묵상하기도 하고, 어떤 분은 눈시울을 붉히며 말씀 앞에 마음을 내려놓기도 한다.

또 한 번은, 한 관람객이 이런 고백을 전해 주셨다.

"엊그제 혼자 왔었는데요, 오늘은 교회 집사님이랑 또 왔어요. 이런 곳이 지금이라도 생겨서 너무 기뻐요. 다양한 먹거리가 있는 이 동네에 이렇게 귀한 볼거리가 생긴 것도 감사한데… 그것이 하나님의 말씀이라니, 자주 오고 싶은 마음이 생겨요."

라며 따뜻한 웃음을 나눠 주셨다.

그분들이 돌아가기 전, 나는 조심스럽게 말씀드렸다.

"앞으로 살아가시면서 마음이 지치고 힘드실 때면 언제든지 오세요. 상처로 마음이 아플 때도 언제든지 오세요. 주님께서 이곳에서 여러분의 마음과 영혼을 따뜻한 손길로 어루만져 주실 거예요."

이곳, 청현재이 아트센터는 전시를 위한 공간 그 이상으로, 수많은 성도들의 삶의 여정 가운데 조용히 말씀을 품고 그들의 발걸음을 기다리는 공간이 되어 가고 있다.

말씀이 필요한 사람, 말씀 앞에서 울고 싶은 사람, 주님의 위로를 다시 품고 싶은 사람이라면 누구든 이곳에 머물 수 있다.

"오늘은 누구와 함께하셨을까? 그리고 내일은 또 어떤 분들이 말씀을 만나러 오실까?" 그 생각에 마음 깊은 곳에서 감사가 고요히 밀려온다.

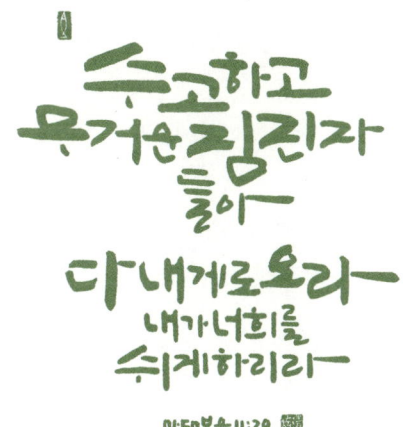

50
어떻게 이곳에 갤러리를 열 생각을 하셨나요?

 '청현재이 아트센터'가 자리한 이곳, 경기도 안양시 삼막 일대는 언뜻 보기에도 말씀그라피 전용 갤러리가 들어설 만한 분위기가 아니었다. 주변은 온통 음식점과 카페, 등산객들이 쉬어 가는 휴식 공간들로 가득했다. 북적이고 활기찬 소비 공간에 가까운 그 거리 한가운데, 하나님의 말씀이 전시되는 갤러리가 들어섰다는 것 자체가 많은 이들에게는 의외의 일이었다. 이 동네에서 오랫동안 장사를 해 온 음식점 사장님들은 "하필이면 수익성이 없는 갤러리를 왜 하세요?"라며 걱정하시기도 했다. 또 어떤 분은 "이 동네에 갤러리가 들어와서 삼막의 격이 높아졌어요."라며 기뻐해 주시기도 했다.

이처럼 다양한 반응이 오갈 때마다 내 마음은 복잡해졌다. 하지만 어느 날, 하나님께서 확증을 주시는 순간이 찾아왔다.

안양 지역에서 사역 중이신 어느 목사님께서 청현재이 아트센터를 처음 방문하신 날이었다. 전시를 둘러보시자마자 대뜸 이렇게 말씀하셨다.

"이 동네가 온통 불교촌인데… 어떻게 이곳에 갤러리를 열 생각을 하셨어요?" 그 말이 끝나자마자, 마치 하나님께서 그 목사님의 입술을 빌려 내게 말씀하시는 것 같았다.

"그래, 이곳이 바로 내가 말씀을 심기 원한 땅이다. 이 장소는 나의 뜻 안에 있는 땅이다."

겉으로 보기엔 예상 밖의 장소였고, 누군가에게는 갤러리로 적합하지 않은 공간일지 몰라도, 하나님께서는 이 불심 깊은 땅

한가운데 말씀의 빛이 환히 비추는 공간을 심기 원하셨던 것이다. 처음에는 이해하기 어려웠던 입지, 교회가 밀집하지 않은 지역, 그리고 기독교 문화를 중심으로 한 지역도 아니었지만, 그렇기 때문에 오히려 더 절실히 복음이 필요했던 땅.

이곳에서 말씀을 전하는 것은 단지 전시가 아닌, 선교였다. 그렇게 많은 우여곡절과 기도, 그리고 확신 끝에 개관하게 된 '청현재이 아트센터'는 이제 기독교인들에게 하나님의 말씀을 감성적으로, 따뜻하게 마주할 수 있는 말씀그라피 전용 갤러리로 자리 잡아가고 있다.

이는 내가 이미 이 성전을 택하고 거룩하게 하여 내 이름을 여기에 영원히 있게 하였음이라 내 눈과 내 마음이 항상 여기에 있으리라

역대하 7:16

11부

믿음의 선진과 다음 세대를 잇다

말씀 그라피의 확장되는 비전

신앙은 한 세대에서 끝나지 않습니다. 믿음은 계승되어야 하며, 복음은 다음 세대로 흘러가야 합니다. 앞서 걸어간 믿음의 선진들의 헌신 위에, 우리는 다음 세대를 위한 새로운 길을 열어가야 합니다. 말씀그라피는 한 사람의 열정, 한 세대의 감동으로 머물 수 없습니다. 그 사명은 하나님의 이끄심에 따라, 다음 세대의 마음 속까지 이어져야 합니다.

이 장은 믿음의 유산을 계승하며 다음 세대로 잇고자 하는 말씀그라피의 사명과 비전을 담고 있습니다.

51
믿음과 소망의 어록, 전시로 피어나다

 지금으로부터 10년 전쯤, 그 당시 기아대책 소속이었던 김태훈 목사님께서 "꼭 한번 만나봐야 할 분이 있다"며 한 분을 소개해 주셨다. 그분이 바로 김포명성교회의 김학범 목사님이셨다.

 김 목사님은 깊은 신학적 통찰을 바탕으로 국내외 선교지 탐

방의 중요성을 몸소 실천함으로 성도들과 함께 선교지의 발자취를 따라가며, 한국 복음화의 역사와 흐름을 나누는 귀한 사역을 감당하고 계셨다.

몇 해 전에는 개척교회의 공간적 부담을 덜기 위해 자신이 세운 교회를 매매하고, '어시스트 미션'이라는 공유 교회 사역을 통해 여러 사역자들이 자유롭게 예배드릴 수 있도록 돕는 놀라운 순종의 삶을 살아가고 계신다. 그런 김학범 목사님은 청현재이 말씀그라피 선교회에도 깊은 애정을 갖고 계셨고, 어느 날 나에게 매우 의미 있는 권면을 해 주셨다. 믿음의 선진들이 남긴 귀한 어록들을 캘리그라피로 표현해 보는 것은 어떻겠느냐는 제안이었다.

그 당시 나는 오직 성경 말씀만을 쓰겠다는 서원을 지키며, 말씀 외의 어떤 글에도 관심을 두지 않고 있던 시기였다. 하지만 목사님께서 속해 계신 '방지일 목사 기념사업회'를 통해 방 목사님의 어록을 전시하는 일의 필요성과 그 유익을 진심으로 전하셨고, 나는 그 권면을 통해 처음으로 어록의 가치와 믿음의 어록들이 현대 그리스도인들의 믿음생활에 실질적인 도움을 줄 수 있겠다는 마음을 갖게 되었다.

나는 깊은 기도 끝에 붓을 들었고, 그 순간부터 믿음의 어록을 써 내려가는 새로운 사역의 문이 열리게 되었다. 방지일 목사님의 어록을 시작으로 믿음의 선진들이 남긴 고백들이 캘리그라피로 다시 쓰이기 시작했고, 그렇게 완성된 작품들은 순회 전시회를 통해 수많은 이들에게 믿음의 유산으로 전해졌다.

   이 사역은 결국, 말씀과 어록이 하나 되어 살아 움직이는 복음의 통로가 되었다. 이 길을 걷게 하신 하나님의 인도하심과, 그 첫 걸음을 응원해 주셨던 김학범 목사님의 권면은 지금도 선교회 사역 안에 깊은 감동으로 남아 있다.

> 대대로 주께서 행하시는 일을 크게 찬양하며 주의 능한 일을 선포하리로다
> 시편 145:4

52
거룩한 소명으로 진행한 어록 전시회

앞서 이야기했듯이, 평범한 평신도의 삶을 살아가던 내게 사역자의 삶을 결단하게 만든 신앙의 전환점은 1996년, 섬기던 교회에서 받은 제자훈련과 사역훈련이었다. 그 훈련을 만든 분이 바로 옥한흠 목사님이었다. 비록 살아 계실 때 직접 뵙지는 못했지만, 그분의 어록을 캘리그라피로 써서 전시하는 일은 제자훈련을 통해 새 삶을 시작하게 된 나에게는 깊은 의미가 있었다.

이미 나는 방지일 목사님 어록 전시회와 주기철 목사님 어록 전시회를 통해, 믿음의 선진들의 말씀이 오늘을 살아가는 우리에게도 여전히 강력한 도전과 위로가 됨을 경험하고 있었다. 그래서 옥한흠 목사님의 어록 전시회는 자연스러운 흐름이었고, 믿음의 결실을 잇는 여정이기도 했다.

전시회를 준비하면서 가장 먼저 필요했던 것은 어록 사용에 대한 허락과 전시 장소 확보였다. 당시 마포 서현교회의 김경원 목사님을 찾아가 전시의 취지를 설명드렸고, 목사님은 흔쾌히 도와주시겠다고 하시며, 바로 인천 제2교회의 이건영 목사님께 연락을 취해 주셨다.

며칠 후, 이건영 목사님과의 만남이 성사되었고, 만남을 통해 안성 사랑의교회 수양관에서 진행되는 교갱협 세미나에 맞춰 전시를 하면 좋겠다는 제안까지 더해 주셨다. 그 일을 계기로 이건영 목사님과의 인연은 지금까지도 이어지고 있으며, 현재는 청현재이 말씀그라피 선교회의 고문으로도 함께해 주시며, 늘 기도와 격려로 동행해 주시는 분이다.

어록 사용을 위한 마지막 관문은 옥 목사님 가족의 허락이었다. 이에 알고 지내던 기독신문 기자에게 도움을 요청했더니, 바로 옥 목사님의 가족에게 연락해 주셨고, 감사하게도 자유롭게 사용하라는 허락을 받을 수 있었다. 하나님의 일이기에 모든 일이 순적하게 이루어지는 은혜였다.

이후에는 본격적인 작품 작업이 시작되었다. 20점이 넘는 어록 작품을 준비해야 했기에, 시간과 체력은 물론 영적인 집중력이 필요했다. 이번 전시회는 다른 어록 전시회들과 달리 선교회 주최로 직접 진행하는 전시였기에, 어록 선정도 내 손으로 하나하나 진행해야 했다. 관련 서적을 구입하고, 많은 시간 유튜브에서 옥한흠 목사님의 설교 영상을 찾아 반복해서 들었다. 때로는 목사님의 단호하고 명확한 설교 장면이 꿈에 나올 정도로, 온 마음을 다해 몰입하며 작업에 임했다.

새벽 시간은 작품을 준비하기에 가장 적합한 시간이었다. 하루하루 기도로 새벽을 깨우며 붓을 들었다. 지금 돌아보면 어떻게 그 시간을 감당했는지 모를 정도로, 그때의 새벽은 기도와 묵상으로 가득한 은혜의 시간이었고, 작품은 어느새 완성되어 우여곡절 끝에 안성 수양관에서 전시가 개최되었다.

전시가 시작되자, 소천하신 옥 목사님의 사모님께서 안성 수양관에 계신다는 이야기를 듣고 직접 만나 뵙게 되었다. 그 자리에서 옥 목사님의 생전 모습과 삶에 대해 들을 수 있었던 시간은 참으로 감사한 은혜였다.

전시를 마친 후에도 내내 마음에 남은 한 가지는, 살아생전 그분을 직접 뵙지 못했다는 아쉬움이었다. 한 번이라도 직접 찾아 뵈었더라면 좋았을 텐데. 그분이 살아 계셨다면, 지금 우리 선교회가 감당하고 있는 말씀그라피 사역을 보시며 반드시 응원해 주셨을 거라 믿기 때문이다. 그래서 옥한흠 목사님 어록 전시회는 나에게 참으로 아름답고도 슬픈, 그리고 깊은 여운을 남긴 전시회였다.

이후로도 나는 언더우드 선교사, 김준곤 목사, 정필도 목사, 대만 메케이 선교사 등 믿음의 선진들의 어록을 전시하며, 지금도 이 시대에 꼭 필요한 말씀들을 다음 세대에게 전하고 있다.

하나님의 말씀을
너희에게 일러주고
너희를 인도하던
자들을 생각하며

그들의 행실의 결말을
주의하여
보고 그들의 믿음을
본받으라

히브리서 13:7

53

짧았지만 깊었던 신학대학교 에서의 경험

2017년, 모 신학대학교에서 캘리그라피 수업을 맡게 되었다. 나는 수업 내내 기도하며 말씀을 묵상하고, 그 말씀을 붓으로 표현하는 영적 과정을 학생들에게 전하고자 했다. 하지만 학교 측에서는 종합대학교로 전환된 과정에서 다양한 배경을 지닌 학생들을 고려해야 했고, 내가 시도했던 '말씀 중심 수업 방식'

은 조율이 필요하다는 판단을 내렸다.

결국 나는 학교 측의 방침을 존중하며, 1학기만 함께하기로 결정하게 되었다. 한 학기라는 짧은 시간이었지만, 그 안에서 나는 분명한 열매를 보게 되었다. 기말고사가 끝난 날, 여학생 세 명이 나를 기다리고 있다가 조심스럽게 말을 건넸다.

"교수님, 저는 학교에서 진행하는 채플 시간이 늘 부담스러웠어요. 그런데 말씀을 쓰는 과제를 하면서, 처음으로 성경이 참 좋은 말씀이라는 걸 알게 되었어요."

그 고백은, 다음 세대를 향한 말씀그라피 교육의 현실적인 벽 앞에서 잠시 낙심했던 내 마음에 하나님께서 조용히 안겨주신 위로이자, 다시 걸어가야 할 길을 알려주시는 확신이었다.

그 순간 나는 다시 깨달았다. 말씀그라피는 단순한 예술이 아니라, 하나님을 전하는 복음의 도구라는 사실을.

비록 짧았던 수업이었지만, 말씀그라피가 학생들의 마음에 깊은 울림을 남겼다는 사실만으로도 충분히 감사했다. 나는 그것을 하나님의 위로라 믿으며, 내 마음 깊은 곳에 그 시간을 조용히 간직하게 되었다.

나는 심었고
아볼로는
물을 주었으되
오직
하나님께서
자라나게
하셨나니 고린도전서 3:6

54
다음 세대를 위한 부르심, 다시 강단에 서다

시간이 지나도, 모 신학대학교에서 경험했던 말씀그라피 교육의 감동은 여전히 내 마음에 또렷이 남아 있다. 그렇게 8년이 지난 지금, 하나님은 다시 나를 신학대학교의 강단으로 부르셨다.

60을 넘긴 나이에, 이제는 조금씩 사역을 정리해야겠다고 생각하던 시기였다. 그러나 하나님은 또 한 번 새로운 사명의 문을 열어 주셨다. 잠시 망설임도 있었지만, 하나님을 영화롭게 하는 일이라면 힘들지라도 감당해 왔던 지난 삶을 돌아보며, 이번에도 기꺼이 순종하기로 결단했다.

다시 서게 된 총신대학교의 강단은 단지 학습을 위한 '강의실'이 아니었다.

그곳은 한국의 말씀그라피 사역을 이어갈 다음 세대를 만나고, 그들을 말씀 위에 세우는 소중한 자리가 되었다.

하나님께서 내게 맡기신 재능은 본래 그분의 것이기에, 그 뜻에 따라 매주 성심성의껏 강의를 이어 가고 있다. 학생들이 각자의 교회에서 성령의 글씨로 복음을 전하고, 말씀그라피 사역자로 세워지도록 돕는 것이 내가 지금 감당해야 할 사명이다.

특별히 이번 수업에는 내가 이전에 가르쳐 본 경험이 없었던 장애를 가진 학생과 외국인 학생들도 포함되어 있었다. 처음엔 조심스러웠던 마음이 그들의 집중력과 흡수력, 그리고 말씀을 대하는 태도 앞에서 놀라움으로 바뀌었다. 그 학생들이 주일 설교 말씀의 성경 구절을 써 온 과제들을 보면, 한 주 한 주 글씨가 변화되어 가는 모습에 내가 갖고 있던 편견이 조금씩 무너져 내렸다.

그 과정을 통해 하나님께서는 내게 "누구든 말씀을 쓰고자 한다면 기꺼이 가르치라"는 마음을 새롭게 심어 주셨다.

총신대학교에서 학생들을 대상으로 말씀그라피를 가르치는 이 사역이 하나님의 예비하신 수순이었음을 점점 더 깨닫게 된다. 그 사명을 깊이 인식할수록, 지금 이 강의실에서 말씀그라피를 배우고 있는 학생들 가운데, 이 사역의 비전과 다음 세대에 말씀그라피를 가르칠 교육적 사명을 품은 이들이 일어나기를 더욱 간절히 바라게 된다. 그러한 소망 안에서 하나님은 내게 "나는 너를 나의 목적을 위해 사용하고 있다"는 마음의 확신을 주신다.

이미 입술로 찬양하는 기독교 음악 교육이 신학교와 교회 안에 하나의 문화로 깊이 뿌리내린 것처럼, 손끝으로 찬양하고 묵상하는 말씀그라피 교육도 이 학생들을 통해 신학교 안에 정착되고, 한국 교회의 다음 세대 속에 아름답게 세워지기를 소망해 본다.

하나님이여
내가 늙어 백발이
될 때에도
나를 버리지
마시며
내가 주의 힘을 후대에
전하고 주의 능력을
장래의 모든 사람에게
전하기까지
나를 버리지
마소서
시편 71:18

12부

사명자의 고백

·

말씀 위에 선 인생

하나님의 부르심 앞에 선 사람은, 삶의 방향과 존재의 의미를 다시금 묻게 됩니다. 그 길은 언제나 평탄하지 않으며, 때로는 외로움과 고독 속에서 자신의 마음을 들여다보게 합니다. 그러나 말씀 위에 선 사람은 흔들려도 다시 일어설 수 있습니다.
왜냐하면, 그 중심에는 오직 하나님만이 계시기 때문입니다.

55
제 진심을 하나님만이 아시지요

 붓으로 하나님의 말씀을 써 내려가는 이 길은, 처음부터 지금까지 하나님만이 아신다. 말씀을 입으로 읊조리고 붓을 들어 손끝으로 그 말씀을 써 내려갈 때, 하나님의 말씀이 살아나 내 마음판에 새겨지는 그 은혜는 내게 얼마나 깊은 위로가 되었는지 모른다.

그 은혜를 성도들과 함께 나누고 싶은 마음이 컸기에, 세상의 것들을 과감히 내려놓고 말씀 하나만 붙들고 지금까지 걸어왔다. 말씀그라피 사역을 처음 시작했을 땐, 이 길이 어디로 이어질지 나조차도 확신할 수 없었다.

무엇보다 이 사역이 무엇인지조차 모르는 이들이 대부분이였기 때문에 사역자로서 겪는 외적인 어려움도 많았고, 보이지 않는 영적 흔들림도 적지 않았다.

포기하고 싶은 순간마다 하나님은 말씀으로 나를 붙드시고, 다시 붓을 들 수 있도록 이끌어 주셨다. 그 은혜 안에서 나는 단지 글씨를 써온 것이 아니라, 하나님의 살아 있는 말씀을 전하며 성도들이 말씀과 더 가까워질 수 있도록 환경을 만들고 길을 놓는 마음으로 이 길을 걸어왔다.

지난 날을 돌아보며, 내 마음의 중심을 누구보다 잘 아시는 분은 오직 하나님 한 분뿐임을 고백하게 된다.

제 진심을… 하나님만이 아시지요.

여호와여
주께서 나를 살펴보셨으므로
나를 아시나이다

주께서
내가 앉고
일어섬을
아시고
멀리서도
나의 생각을
밝히 아시오며

시편 139:1-2

56
글씨의 고향, 하나님께서 부르신 자리

지금까지 말씀그라피를 배우고, 말씀을 써 온 이 길에 동행해 준 이들이 참 많다. 말씀선교사 교육을 통해 만난 사람들만 헤아려도 500명이 훌쩍 넘는다. 하지만 그 모두가 여전히 사역의 자리에 머물고 있는 것은 아니다. 누군가는 삶의 우선순위가 바뀌었고, 누군가는 개인적인 사정이나 다른 부르심으로 인해 자연스럽게 말씀그라피와의 거리가 멀어지기도 했다.

한때는 열정적으로 말씀을 붙들고 사명을 감당하던 이들이 조용히 그 자리에서 사라지는 모습을 볼 때면, 가르친 사람으로서, 그리고 함께 걸었던 동역자로서 안타까운 마음이 드는 것도 사실이다. 그래서 나는 가끔, "내가 너를 지명하여 불렀나니, 너는 내 것이라."(이사야 43장 1절) 말씀을 그들에게 건네곤 한다.

말씀그라피 사역은 단순히 글씨를 잘 쓰는 일이 아니다. 이 길은 하나님으로부터 지명받은 자들이 세상의 방식이 아닌, 하나님의 방식으로 말씀을 전하는 길이다. 그래서 나는 지금도 말씀선교사들을 만날 때마다 이 사명의 길을 잊지 않기를 권면한다.

"하나님의 말씀을 손끝으로 써서 전하는 사명자로서 늘 기도하며 깨어 있어야 합니다. 혹여 그 손에서 붓을 내려놓을 일이 생기더라도, 간절한 마음으로 다시 말씀선교사의 본분을 지킬 수 있도록 하나님께 구해야 합니다."

그리고 어쩔 수 없는 상황 속에서 붓을 놓을 수밖에 없었던 이들을 바라보시며, 하나님은 내 마음에 조용히 말씀하신다.

"기다려라. 그들은 결국 돌아올 것이다."

느리게 돌아오더라도, 멀리 떠나 있었더라도 선교회의 주인이신 하나님께서는 그들이 다시 말씀선교사의 자리로 돌아올 날을 이미 준비하고 계신다. 왜냐하면, 그들의 글씨의 고향은 바로 이곳, 청현재이 선교회이기 때문이다.

> 너는 두려워하지 말라 내가 너를 구속하였고 내가 너를 지명하여 불렀나니 너는 내 것이라
>
> 이사야 43:1

57
고요한 순종의 시간

말씀그라피를 처음 시작했을 때, 나는 '무엇을 쓸까'보다 '어떻게 더 잘 쓸까'를 고민하곤 했다.

하지만 시간이 흐를수록, 하나님의 마음은 글씨체보다 고요한 순종의 태도를 먼저 원하신다는 것을 알게 되었다. 붓을 들기 전에 먼저 멈추어 말씀을 읽고, 천천히 묵상하는 시간. 어쩌면 아무것도 하지 않는 것처럼 보이는 그 시간이, 하나님 앞에서는 가장 온전한 순종의 순간이었다.

말씀을 쓰는 일은 단지 예쁜 글씨를 적는 게 아니었다. 그분의 음성을 따라 하루를 멈추고, 내 마음을 비우고, 그분의 말씀 한 줄을 온전히 내 안에 채워가는 고요한 예배였다.

사람들은 종종 내게 말한다.

"이 글씨를 보고 마음이 편안해졌어요."

"하나님의 말씀이 이렇게 따뜻하게 다가올 수 있군요."

그럴 때마다 조용히 웃는다.

사람의 손끝에서 시작되었지만, 이 글씨는 하나님의 고요함을 담은 순종의 흔적이기 때문이다.

나의 영혼이
잠잠히
하나님만 바람이여

나의 구원이
그에게서
나오는도다

시편 62:1

| 에필로그 |

말씀 위에 세운 여정의 고백

지금까지의 여정은 단순한 기록이 아닙니다. 청현재이 말씀 그라피 선교회가 걸어온 길은, 하나님의 부르심에 대한 순종의 발걸음이었고, 말씀으로 복음의 씨앗을 뿌리는 순례자의 여정이었습니다.

세상은 종종 눈에 보이는 것으로 평가하고, 사람들은 화려한 열매를 기준으로 삼지만, 하나님은 우리가 얼마나 진심으로 순종했는지를 보십니다. 그분 앞에 붓을 들고 말씀을 따라 써 내려간 한 줄 한 줄은 기도였고, 예배였으며, 한편의 고백이었습니다.

살아 있는 하나님의 말씀은 오늘도 눈물이 있는 자리, 아픔이 있는 자리, 그리고 다시 시작해야 하는 자리마다 위로와 능력으로 임하십니다.

우리는 분명히 압니다. 이 모든 것은 우리가 한 일이 아니라, 하나님께서 하신 일입니다. 그리고 앞으로도 주님이 이끄시는 그 길을 따라, 한 줄 한 줄 정성으로 새긴 말씀의 획으로 하나님의 마음을 전하는 말씀그라피 선교의 길을 묵묵히 걸어갈 것입니다.

책을 통해 누군가가 다시 말씀을 가까이하게 되기를, 또한 지친 손끝에 붓을 들고 다시 복음을 써 내려가기를 소망합니다. 우리의 모든 여정이 오직 하나님께 영광이 되기를 바라며, 이 간증집의 마지막 페이지를 조용히 덮습니다.

"오직 말씀으로, 오직 하나님께 영광!"